# 一看就懂的税务会计全图解

涂振旗◎著

北京理工大学出版社
BEIJING INSTITUTE OF TECHNOLOGY PRESS

图书在版编目（CIP）数据

一看就懂的税务会计全图解 / 涂振旗著. —北京：北京理工大学出版社，2015.10（2019.6 重印）

ISBN 978 - 7 - 5682 - 0956 - 4

Ⅰ.①一… Ⅱ.①涂… Ⅲ.①税务会计 - 图解 Ⅳ.①F810.42-64

中国版本图书馆CIP数据核字（2015）第 170799 号

出版发行 / 北京理工大学出版社有限责任公司
社　　址 / 北京市海淀区中关村南大街 5 号
邮　　编 / 100081
电　　话 / （010）68914775（总编室）
（010）82562903（教材售后服务热线）
（010）68948351（其他图书服务热线）
网　　址 / http：//www. bitpress. com. cn
经　　销 / 全国各地新华书店
印　　刷 / 北京市雅迪彩色印刷有限公司
开　　本 / 880 毫米 × 1230 毫米 1/32
印　　张 / 6.5　　责任编辑 / 李慧智
字　　数 / 125 千字　　文案编辑 / 王晓莉
版　　次 / 2015 年 10 月第 1 版 2019 年 6 月第 3 次印刷　　责任校对 / 孟祥敬
定　　价 / 31. 80 元　　责任印制 / 李志强

# 目录

第一章 不可不知的税务会计常识

你为什么要懂税务会计 …… 2
管理税务会计的前提和基本原则 …… 6
税务会计工作的职责和流程 …… 12
中国现行税法体系内容 …… 17

第二章 增值税的会计处理

增值税的纳税对象和纳税范围 …… 22
小规模纳税人应交增值税 …… 27
一般纳税人应交增值税 …… 30
增值税的出口退免税 …… 35
规范操作：增值纳税申报和缴纳 …… 40
增值税的税收优惠 …… 45

第三章 消费税的会计处理

消费税的特点和征收范围 …… 52
消费税是价内税还是价外税 …… 57

消费税应纳税额 …… 60
规范操作：消费税纳税申报和缴纳 …… 68
消费税的税收优惠 …… 73

第四章 营业税的会计处理

营业税的课税对象和范围 …… 78
营业税的计税会计处理 …… 82
“营改增”涵盖的九大方面 …… 91
“营改增”的计税会计处理 …… 94
规范操作：营业税纳税申报和缴纳 …… 98
营业税的税收优惠 …… 103

第五章 所得税的会计处理

所得税的概念及特点 …… 108
个人所得税的计税会计处理 …… 114
企业所得税的计税会计处理 …… 123
规范操作：所得税的纳税申报和缴纳 …… 133
所得税的税收优惠 …… 138

第六章 其他小税种的会计处理

关税、资源税和其他小税种的概念及特点 …… 146
如何进行关税的计税 …… 152

如何进行资源税的计税 …… 159
如何进行其他小税种的计税 …… 164
规范操作：关税、资源税和其他小税种的申报和缴纳 …… 172
其他小税种的税收优惠 …… 176

第七章 税务会计常见问题及解答

税务审查的基本内容和方法 …… 184
账务调整的基本原则和方法 …… 189
纳税筹划的基本原理和方法 …… 192
税务会计中的传统难点 …… 197

# 使用说明书

《一看就懂的税务会计全图解》是一本专门为刚踏入社会的上班族量身打造的通俗读物，全书共分为七章。为了能让读者由浅入深、简单明了地掌握税务会计的相关知识，也为了节省读者的宝贵时间，本书在内容上尽量将专业知识通俗化，从常识的角度来阐述高深的理论。

**大标题**

每个篇章都有几个大标题，大标题揭示该篇要学习的知识。每个大标题为初学者揭示了一个知识要点。

**前文引言**

对将要学习的知识要点给予简明精要的说明，并对其重要性及影响因素进行说明。

## 税务会计工作的职责和流程

随着市场经济的不断发展，很多企业都意识到了税务会计的重要性，但是如果不了解税务会计的工作职责和流程，就无法做好税务会计工作和管理工作。那么，税务会计岗位工作职责和流程具体有哪些内容呢？

1.税务会计岗位工作职责

①严格遵守会计原则，廉洁奉公，同时，还要具备会计专业知识和技能，并拥有会计人员从业资格证书。

②按照国家法律、法规及相关税收政策来正确计算、申报并按期缴纳企业理应缴纳的各种税收。

③正确及时开具增值税发票、普通发票和劳务发票。对异地纳税要开具外出经营活动证明并做登记备查。

④填写各税种的纳税申报表时，一定要认真审核，确认准确无误后，还需要将应提交的相关资料准备妥当。

⑤认真负责企业统一结算发票的信息录入、增值税专用发票抵扣的信息录入和认证工作。

⑥要对企业增值税的进项和销项进行核对，同时，要保证账账和账票的相关信息相一致，并按月如实填报《应交增值税明细表》。

⑦按时完成领导交办的其他相关工作。

12

在阅读页面上，采用简单、清楚的学习界面，通过添加图解来辅助解释复杂的概念，使阅读本书成了一种享受。只要掌握这本书的内容，你就能成为税务会计中的高手。

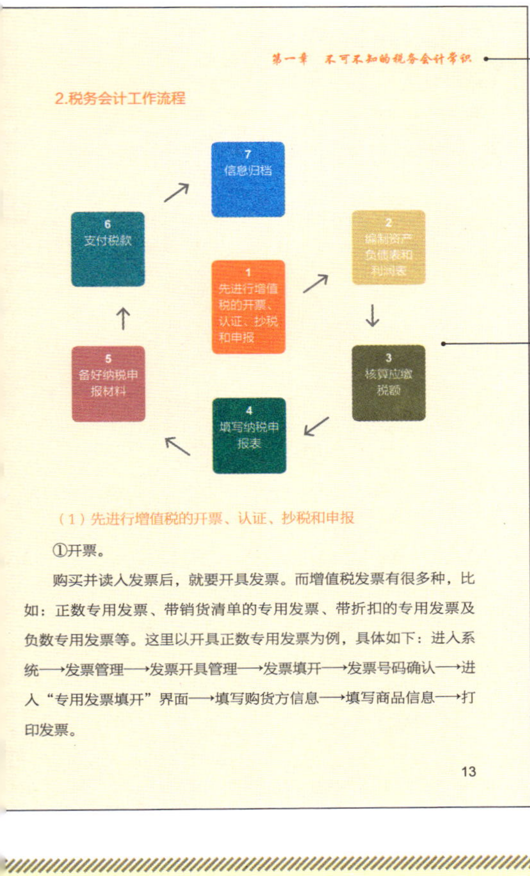
第一章　不可不知的税务会计常识

2.税务会计工作流程



（1）先进行增值税的开票、认证、抄税和申报

①开票。

购买并读入发票后，就要开具发票。而增值税发票有很多种，比如：正数专用发票、带销货清单的专用发票、带折扣的专用发票及负数专用发票等。这里以开具正数专用发票为例，具体如下：进入系统⟶发票管理⟶发票开具管理⟶发票填开⟶发票号码确认⟶进入“专用发票填开”界面⟶填写购货方信息⟶填写商品信息⟶打印发票。

13

**章名**

全面讲述了税务会计所涉及的主要内容，每篇讲述一个主题。

**图解**

为了让读者可以一目了然地理解书中的概念，本书运用逻辑拆解法将概念之间的关系做成了图表分析的形式。

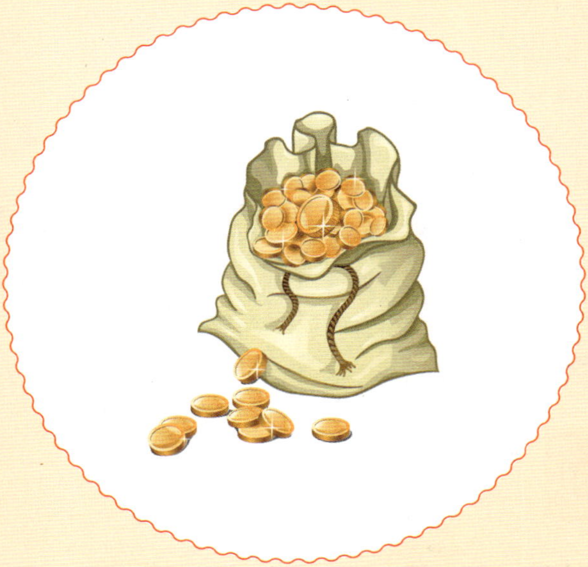

# 第一章
# 不可不知的税务会计常识

税务会计是税务和会计的结合，依法纳税是公民和企业都应当遵守的，而企业的经营数据等又必须通过会计来反映，只有两者有机结合，才能保证税款的依法缴纳，故而税务会计一直以来得到了大家的广泛重视。它不但能够保证国家税收的稳定，还能客观反映企业的经营成果和财务状况。因此，我们必须了解一下有关税务会计的知识，才能帮助企业正确纳税。

# 你为什么要懂税务会计

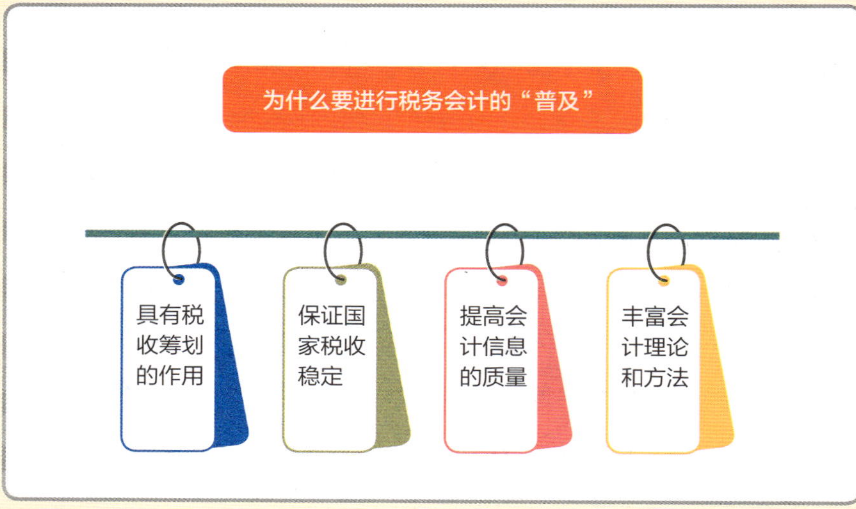


税务会计作为社会经济发展到一定阶段的产物，它其实是在财务会计的形成发展过程中，逐步从财务会计、管理会计中分离出来的一个会计分支，也可以说，它是关于税收工作的会计。从功能上讲，税收会计能够反映国家税务机关和纳税人的税收活动，从而更好地服务于国家和企业，其具体作用如下：

### 1.具有税收筹划的作用

实际上，企业税务会计具有税收筹划的作用。在财税合一的会计体制下，会计所提供的信息往往会忽视企业自身发展对会计信息的需要，而比较偏重于财政、税收和信贷部门的需要。而税务会计不仅能够客观反映出税务资金运动情况，还能对其起到一定的监督作用。更重要的是，税务会计还能通过税负因素分析等多种方法，促使纳税人能够充分利用合法的手段来保护自己的合法权益。也就是说，企业税务会计可以根据税收的相关规定和自身生产经营的特点，在规定的范围之内，选择适合企业实际情况的会计处理方法，并筹划企业的经营方式及纳税活动，使之不仅能够达到依法纳税的目的，还可以充分享受国家的税收优惠政策，从而实现企业少缴税、减轻税负的目的。

### 2.保证国家税收稳定

在财税合而为一的会计制度下，如果我们不能将会计利润和应税所得的界限明确区分开，就很容易因为无法确定应税所得而最终导致税基严重受蚀，同时税收的强制性也无法充分体现出来，甚至还会出现纳税人为了避免或推迟纳税而采用不开或推迟开发票的现象。那么，为了避免这种现象的发生，就要求税务会计能够独立，只有如此才能保证纳税工作的可靠性、严肃性。

然而，税务会计是否能够真正独立，财政收支状况的影响也是不容忽视的，因为单从世界各国的现状来看，财政收支状况并没有真正达到政府无须制定强制性税务会计的要求。因此，我国政府要想有效保证税收目标的实现，就必须从稳定税收的立场来制定税务会计制度。虽然，国家的强制性可能会导致应税所得有点偏离会计收益，但为了确保国家财政收入，税务会计的独立已势在必行。

### 3.提高会计信息的质量

税法主要是以宏观经济政策和经济发展水平为依据而制定的，因而，它能够高度反映出国家宏观经济管理的真实需求，而财务会计则是根据会计理论和会计惯例来进行核算的，主要是为了满足投资者对于资产保值、增值的需求。另外，由于国家多元投资主体的出现、多种经济成分的并存及税务会计和财务会计的逐渐分离，会计核算摆脱了两头兼顾及会计信息真实性和客观性受影响的局面，而且比较客观地反映出了企业真实的经营成果和财务状况。

实际上，税务会计与财务会计的逐渐分离，意味着企业拥有了非常大的自主权，只要在允许的范围内，就可以选择比较符合企业实际情况的会计处理方法，这样就能使其所提供的会计信息更具有真实性和客观性，能够比较公允地反映出企业的财务状况和经营成果。另外，外商投资不断地增长，不但对投资环境有一定的改善作用，还能有效防止国际避税，对维护我国经济权益和企业利益非常有利。

### 4.丰富会计理论和方法

当税务会计从财务会计中逐渐分离后，也将意味着财务正逐渐从“财政决定财务，财务决定会计”模式中走出来，这就促使税务会计开始逐渐形成有关纳税活动的会计理论和会计方法，不断地缩小与国际会计准则的差异性，而这也是为了更好地为我国的经济建设服务。

实际上，税务会计主要是以税收法律制度为准则，不仅服务于国家征税，而且也为企业税务服务。不难看出，税务会计是非常重要的。因此，只有充分了解税务会计的重要性，才能更好地明白税务会计“普及”的目的，就是让更多的人了解并掌握税务会计，从而使企业更好地管理税务会计。

# 管理税务会计的前提和基本原则

对于企业来说，税务会计管理是一项非常重要的工作，尤其是税务会计的日益普及，更加说明了其重要程度。在日常管理税务会计工作中，如果我们不懂税务会计的基本前提和基本原则，就无法顺利完成税务会计工作。那么，管理税务会计的前提和基本原则的内容具体有哪些呢？

## 1.税务会计的基本前提

税务会计主要以财务会计为基础，所以，财务会计中的基本前提有些也适用于税务会计，如会计分期、货币计量等，不过，税务会计也有自己的特点，其基本前提自然也具有自身特性，其具体如下：

（1）纳税主体

《中华人民共和国税法》规定的直接负有纳税义务的单位和个人，又称“纳税人”，主要包括自然人和法人。纳税主体与财务会计的会计主体有着非常密切的联系，但也存在着一定的差异性。会计主体是会计核算服务的对象，也可以说，它是对会计人员进行核算所采取的立场及空间活动范围的界定，最典型的会计主体是企业。而纳税主体必须是能够独立承担纳税义务的纳税人，在一些垂直领导的行业中，比如：铁路和银行，主要是由铁道部、各总行集中纳税，其基层单位不是纳税主体，而是会计主体。

（2）持续经营

持续经营是指该企业将继续存在足够长的时间以实现其现在的承诺，如预期所得税在将来要继续缴纳。其实这也是所得税税款递延、亏损前溯或后转及暂时性差异能够存在，并能够使用纳税影响会计法进行所得税跨期摊配的基础所在。比如，在缺乏相反证据时，很多人会假定该企业将在足够长的时间内为转回暂时性的纳税利益而经营并获得收益。

（3）货币时间价值

货币的时间价值指的是随着时间的不断推移，企业所投入周转使用的资金价值会随之而发生增值的能力或者数额。实际上，货币时间价值是税收立法、税收征管的基准点。所以，各税种明确规定了纳税义务的确认原则和纳税期限等。可以说，货币时间价值是能够深刻揭示出纳税人进行税务筹划的目标之一——纳税最迟，这也充分说明所得税会计中采用纳税会影响会计法进行纳税调整的必要性。

（4）纳税年度

纳税年度主要是指纳税人按照税法规定来选择的纳税年度，又可称为纳税会计期间。一般来说，公历1月1日至12月31日是我国的纳税会计期间，不过，值得注意的是，纳税期间与纳税期限是不相同的。比如：企业的增值税纳税期限是日或月。如果纳税人在一个纳税年度内开业或合并、破产关闭等，该纳税年度的实际经营期限不足12个月，那么，纳税人是可以将实际经营期限作为一个纳税年度的。同样，在纳税人清算时，应该将清算期间作为一个纳税年度。但由于各国纳税年度规定的具体起止时间不一样（一般有日历年度、非日历年度、财政年度和营业年度四种），故而，只要是符合税法规定的改变纳税年度的办法，并遵循税法所做出的对不同企业组织形式、企业类型的各种限制性规定，纳税人都可以自由选择和确定。

（5）年度会计核算

年度会计核算不是基于某一特定业务，而是在年度会计核算的基础上制定的税制。在某一特定期间内，课税只针对其所发生的全部事项的净结果，主要考虑的是在其发生的年度内的后续事项，而对当期事项在后续年度中可能会出现何种结果不做任何考虑。比如：在“所得税跨期摊配”中，采用递延法，主要强调的是原始递延税款的差异对税额的影响，而不强调转回的差异对税额的影响。所以，它与未来税率没有任何关联，这不仅使税务会计数据更具可稽核性，还能揭示出税款分配的影响额。

## 2.税务会计的基本原则

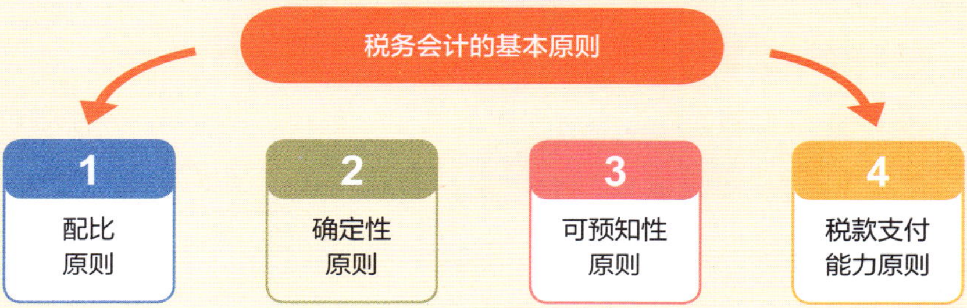


税务会计和财务会计有着非常密切的联系，所以财务会计中的核算原则的大多数也都可以适用于税务会计。不过，由于税务会计与税法的特定关系，税收理论和立法中的实际支付能力原则、公平税负原则等原则也会直接影响到税务会计。所以，关于税务会计的基本原则，我们必须要了解并掌握，具体如下：

### （1）配比原则

在财务会计中，配比原则属于一般规范，如果把配比原则用于所得税会计中，就会成为支持“所得税跨期摊配”的重要指导思想。如果把所得税看作一种费用，而它也比较符合确认与计量这两个标准，则说明应计会计对于费用是比较合适的。另外，应用应计会计和与之相联系的配比原则，需要根据该会计期间内为会计目的所报告的收入和费用来确定所得税费用，而对于纳税目的所确认的收入和费用的时间性不做考虑。换句话说，在同一期间，所得税费用与导致纳税义务的税前会计收益进行配比，可以不用理会税款支付的时间性。那么，在同一期间，所得税费用会随同相关的会计收益一起确认，从配比原则的时间一致性和因果性的特点来看，所得税的跨期摊配方法也非常符合收入与费用的配比原则。

（2）确定性原则

确定性原则指的是在所得税会计处理过程中，纳税人需要按照所得税税法的规定，在实现纳税收入和费用时，应该具有确定性的特点，而这一原则主要是在递延法的处理中体现出来的。一般来说，纳税人采用递延法，那么，最初的所得税税率是可确证的，而递延所得税主要是因为产生暂时性差异的历史交易事项而造成的结果。按照最初税率报告递延所得税，符合会计基于历史成本而报告绝大部分经济事项的特点，有利于提高会计信息的可信性。所以，确定性原则也是比较适用于所得税的税前扣除，但是它有个前提条件，即凡是税前扣除的费用，其金额必须是确定的。

（3）可预知性原则

可预知性原则主要是为了支持并规范“债务法”原则。而债务法主要是关于递延所得税资产或负债的确认模式，但它是有前提条件的，即企业需要根据会计准则来编制资产负债表，并分别收回或清偿所报告的资产和负债金额。所以，未来年份应税收益必须是在逆转差异的限度内才被认可，也就是说，未来年份的应税收益只会受到本年暂时性差异的影响，对未来年份赚取的收益或发生的费用不进行预期。另外，可预知性原则主要应用于所得税会计处理，它能够提高对企业未来现金流量、流动性和财务弹性的预测价值。所以，在这种原则下，支持并规范“债务法”原则被更多的人广泛采用。

（4）税款支付能力原则

税款支付能力与纳税能力是不相同的，纳税能力指的是纳税人应该以合理的标准来确定其计税基数。如果纳税人有同等计税基数，那么，就应该负担同一税种的同等税款。不难看出，纳税能力是能够体现出合理负税原则的。与企业的其他费用支出不同的是，税款支付是全部对应现金流出的，所以，考虑纳税能力时，纳税人也必须要考虑企业自身税款的支付能力。所以，当税务会计确认、计量和记录收入、收益、成本、费用时，必须要选择符合企业实际情况的会计方法，以便保证税款支付能力。

# 税务会计工作的职责和流程

随着市场经济的不断发展，很多企业都意识到了税务会计的重要性，但是如果不了解税务会计的工作职责和流程，就无法做好税务会计工作和管理工作。那么，税务会计岗位工作职责和流程具体有哪些内容呢？

## 1.税务会计岗位工作职责

①严格遵守会计原则，廉洁奉公，同时，还要具备会计专业知识和技能，并拥有会计人员从业资格证书。

②按照国家法律、法规及相关税收政策来正确计算、申报并按期缴纳企业理应缴纳的各种税收。

③正确及时开具增值税发票、普通发票和劳务发票。对异地纳税要开具外出经营活动证明并做登记备查。

④填写各税种的纳税申报表时，一定要认真审核，确认准确无误后，还需要将应提交的相关资料准备妥当。

⑤认真负责企业统一结算发票的信息录入、增值税专用发票抵扣的信息录入和认证工作。

⑥要对企业增值税的进项和销项进行核对，同时，要保证账账和账票的相关信息相一致，并按月如实填报《应交增值税明细表》。

⑦按时完成领导交办的其他相关工作。

## 2.税务会计工作流程

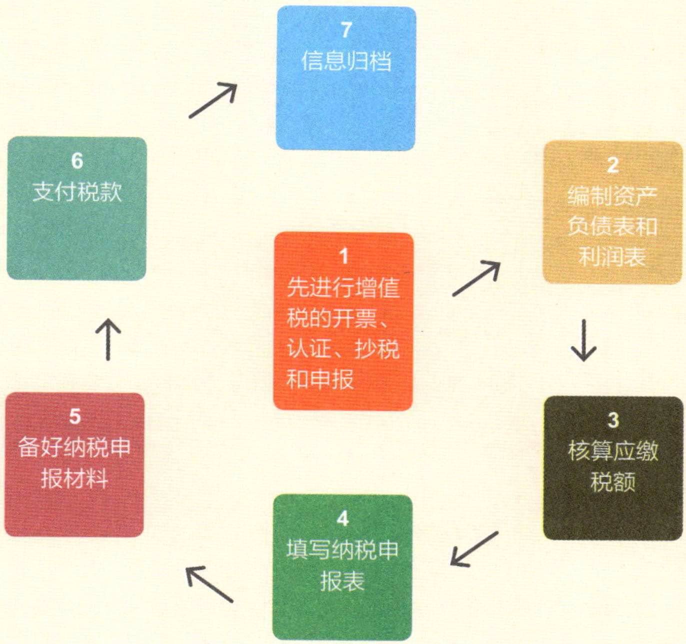


### （1）先进行增值税的开票、认证、抄税和申报

①开票。

购买并读入发票后，就要开具发票。而增值税发票有很多种，比如：正数专用发票、带销货清单的专用发票、带折扣的专用发票及负数专用发票等。这里以开具正数专用发票为例，具体如下：进入系统⟶发票管理⟶发票开具管理⟶发票填开⟶发票号码确认⟶进入“专用发票填开”界面⟶填写购货方信息⟶填写商品信息⟶打印发票。

②认证。

报税员可以通过电子申报系统进行发票认证，即对其进行电脑扫描并核对，然后去税务机关进行认证。一般来说，税务机关会将当期认证信息及时反馈给报税人员。值得注意的是，当月认证完毕的进项发票必须要在当月抵扣。当反馈信息进入电子申报系统后，增值税发票也就完成了认证。

③抄税。

抄报税是将防伪开票系统开具发票的信息报送税务机关。上月申报通过，就表明上月的抄税工作已顺利完成。报税员从防伪税控系统中，将每月的销项发票全部导入电子报税系统中，这样就可以开具增值税发票。

④税款申报作业流程。

抄报税完成后，企业就可以进行本月电子申报及免抵退申报。一般情况下，销项税额与进项税额的差额就是本月应纳税额。如有出口销售则应计算出口退税额抵减当期应纳税额，其征退税差额本期应做进项转出，进项税额则等于本月认证的进项税额+收购发票+运输发票+海关完税发票等。

（2）编制资产负债表和利润表

在填列资产负债表的资产项目、负债和所有者权益项目时，税务会计可以根据企业的总账和明细账的余额进行计算。另外，在编制资产负债表和利润表过程中，税务会计需要按照备查记簿中的记录来编制会计报表附注中的某些数据。当资产负债表和利润表编制完成后，税务会计还需将其交给财务部门负责人进行审核，最后还需经过总经理审批才行。

（3）核算应缴税额

核算应缴税额时，税务会计可以根据企业的利润表，明确企业所得税应缴纳的所得税额和应征消费税产品的销售数量和销售额，同时还要明确税务部门规定征收的其他税种的课税范围。最后，税务会计还需要明确各税种的税率，并计算出企业应缴税额。

（4）填写纳税申报表

填写各税种纳税申报表时，纳税申报经办人必须要根据应纳税额的核算结果如实填写相关内容，并将其上交财务负责人进行审核。

（5）备好纳税申报材料

纳税申报经办人需要准备纳税申报材料，材料主要包括纳税申报表、财务会计报表及其说明材料、税务机关规定报送的相关资料或证件及与纳税有关的合同和协议书等。

（6）支付税款

支付税款时，纳税申报经办人可以通过两种方式进行纳税申报和税款缴纳工作，一种是网络，另一种则是税务机关申报窗口。另外，纳税申报经办人必须要如期将缴款书送至银行，切不可超过限交日期。如果纳税申报经办人发现缴款书中的信息有误，就要及时更正，并按照税务机关管理部门的要求报送其他相关数据。

（7）信息归档

当税务受理人审核盖章或网络确认接收后，就会将企业应留存下来的申报材料回馈给纳税申报经办人，并由其交给企业归档部门进行信息归档，以便日后需要。

对于企业老板来说，只有了解税务会计工作职责和流程，才能更好地做好税务管理；而对于税务会计人员而言，只有掌握税务会计工作职责和流程，才能更好地做好税务会计工作，比如：如实填写纳税申报表，并按期支付税款，完成领导交办的其他事项。

# 中国现行税法体系内容

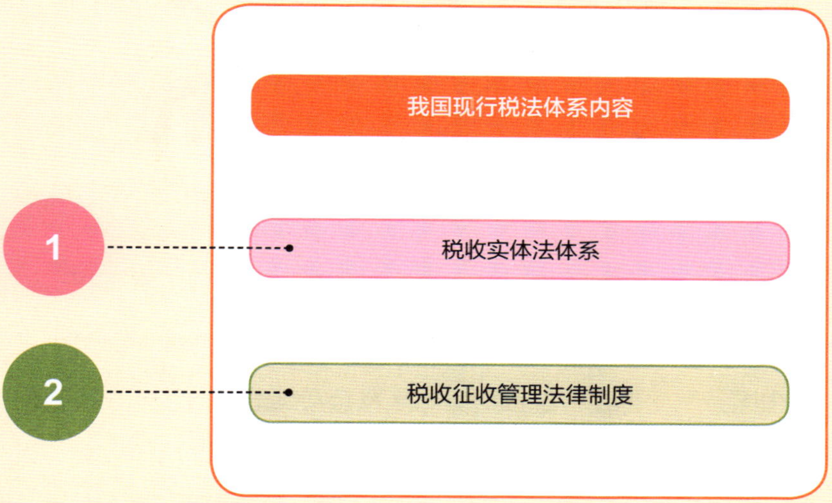


实际上，税法分为很多种，比如：税收基本法、税收实体法等，而不同属性的税法有不同的分类。如果根据不同的职能来划分，税法可以分为税收实体法和税收程序法；如果根据不同的基本内容和效力，税法可分为税收基本法和税收普通法；如果根据不同的主权国家形式税收管辖权划分，可以分为国内税法、国际税法、外国税法等，但我国现行税法体系主要是由实体法体系和税收征收管理法律制度两大部分构成，具体如下：

### 1.税收实体法体系

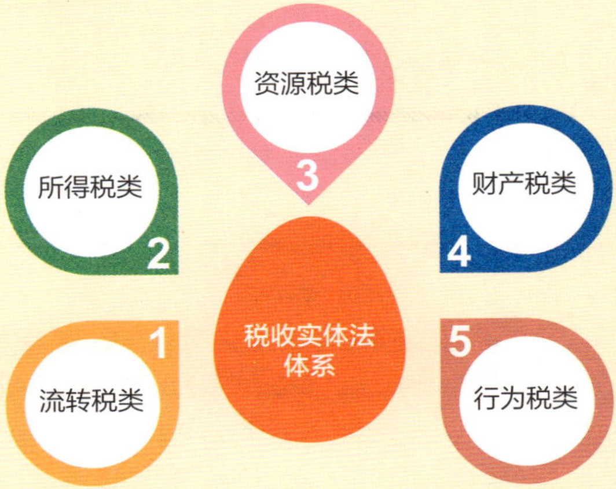


我国现有的税种，除了企业所得税和个人所得税主要是根据国家法律的形式而发布实施外，其他税种都是经过全国人大授权立法，主要是由国务院根据暂行条例的形式来发布实施的，而这些税收法律和法规便组成了我国的税收实体法体系。它们按性质作用可以划分为五大类，分别是流转税类、所得税类、资源税类、财产税类、行为税类，具体如下：

#### （1）流转税类

流转税主要是在生产、流通和服务领域中，以流转额、服务收入为征税对象的税种，其中包括增值税、消费税、营业税、关税。

#### （2）所得税类

所得税主要是在国民收入形成后，对生产者的经营利润和个人纯收入进行征税。其中，包括企业所得税、外商投资企业和外国企业所得税、个人所得税、农（牧）业税。

### （3）资源税类

资源税主要是以自然资源作为课征对象的，其中包括资源税、城镇土地使用税。

### （4）财产税类

财产税主要是根据财产价值进行征税，其中包括房产税、城市房地产税、契税。

### （5）行为税类

行为税主要是对企业的某些行为进行征税的，其中包括：车船使用税、车船使用牌照税、船舶吨税、车辆购置税、印花税、城市维护建设税、土地增值税、耕地占用税、固定资产投资方向调节税（已停征）、屠宰税、筵席税。

值得注意的是，关税、船舶吨税主要是由海关代征的。

## 2.税收征收管理法律制度

除税收实体法外，我国对税收征收管理适用的法律制度，主要是按照税收管理机关的不同而分别规定的，其具体如下：

①由税务机关负责征收的税种的征收管理，主要是按照全国人大常委会发布实施的《中华人民共和国税收征收管理法》执行。

②由海关机关负责征收的税种的征收管理，则按照《海关法》及《中华人民共和国进出口关税条例》等有关规定执行。

以上就是我国现行税法体系的相关内容，对此，纳税人一定要对其有所了解，才能更好地做好纳税工作。

# 第二章
# 增值税的会计处理

增值税属于价外税，即是由消费者负担的。它最突出的特点是：有增值才征税，没增值就不征税。但由于商品新增价值或附加值在生产和流通过程中很难准确计算，因此，就采用了国际上普遍采用的税款抵扣的办法，抵扣后的差额就是增值部分应交的税额，这体现了按增值因素计税的原则。可见，流转中的增值部分也是应该缴税的。

# 增值税的纳税对象和纳税范围

增值税的纳税对象和纳税范围

1 增值税的纳税对象概述

2 增值税的征税范围

## 1.增值税的纳税对象概述

按照税法规定，增值税的征税对象是以在中华人民共和国境内生产、销售货物和提供加工、修理修配劳务的增值额为课税对象。其中“货物”是指有形动产，不包括不动产和无形资产，而提供这些增值业务就成了纳税的义务人。增值税纳税人可分为一般纳税人和小规模纳税人，一般纳税人税率按照经营规模的大小和会计核算健全与否等标准来划分，其税率一般为17%、13%，此外还有3%的征收率；小规模纳税人税率一般是4%和7%。具体参考《中华人民共和国增值税暂行条例》。那么增值税纳税的具体范围都包括哪些呢?

## 2.增值税的征税范围

### (1)征税范围的基本规定

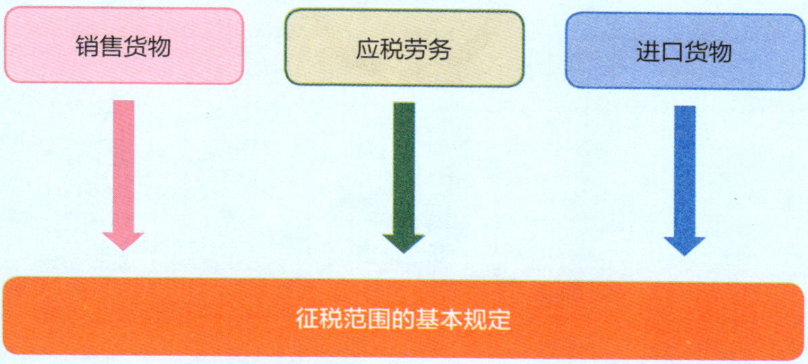


①销售货物。

销售货物是指有偿转让货物的所有权。这里的货物是指有形动产,包括电力、热力和气体在内。

②应税劳务。

纳入增值税征税范围的劳务是指有偿提供加工和修理修配的劳务。这里的加工是指受托方按照委托方的要求来制造货物而收取加工费的有偿加工业务;修理修配是指受托方对已经损伤和丧失功能的货物进行修复维修,使其恢复原状和功能的有偿业务。

③进口货物。

税法规定:凡进入我国国境或关境的货物,在报关进口环节,除了依法缴纳关税以外,还必须缴纳增值税。

（2）征税范围的特殊规定

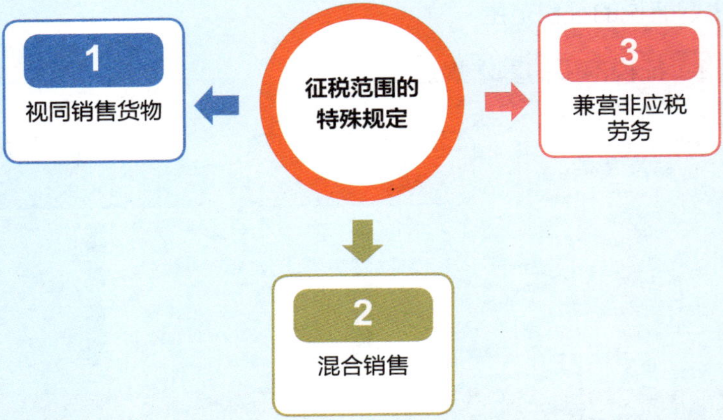


①视同销售货物。

按照税法规定，单位或个体经营者有下列行为的可以视同销售货物：

a.将货物交付其他单位或者个人代销。

b.销售代销货物。

c.设有两个或两个以上机构，并实行统一核算的纳税人，将货物从一个机构移送其他机构用于销售，相关机构设在同一县（市）的除外。

d.将自产或委托加工的货物用于非增值税应税项目。

e.将自产、委托加工的货物用于集体福利或个人消费。

f.将自产、委托加工或购进的货物作为投资提供给其他单位或个体工商户。

g.将自产、委托加工或购进的货物分配给股东或投资者。

h.将自产、委托加工或购进的货物无偿赠送给其他单位或个人。

上述第e项所称“集体福利或个人消费”是指企业内部设置的供职工使用的食堂、浴室、理发室、宿舍和幼儿园等福利设施及设备、物品等，或者以福利、奖励和津贴等形式发放给职工个人的物品。

②混合销售。

混合销售是指既涉及销售货物又涉及提供非应税劳务的销售行为，其特点是销售货物与提供非应税劳务的价款是同时向一个购买方取得的。所谓非应税劳务是指属于应缴营业税的交通运输业、建筑业、金融保险业、邮电通信业、文化体育业、娱乐业和服务业税目征收范围的劳务。

有下列混合销售行为的纳税人，应当分别核算货物的销售额和非增值税应税劳务的营业额，并根据其销售货物的销售额来计算应缴纳的增值税。非增值税应税劳务的营业额不缴纳增值税；未分别核算的，由主管税务机关核定其货物的销售额：

a.销售自产货物并同时提供建筑业劳务的行为。

b.财政部、国家税务总局规定的其他情形。

除上述规定外，还有从事货物生产、批发或者零售的企业、企业性单位和个体工商户的混合销售行为，都视为销售货物，应当缴纳增值税；其他单位和个人的混合销售行为，视为提供非增值税应税劳务，不缴纳增值税。混合销售行为依照前述规定应当缴纳增值税，该混合销售行为所涉及的非增值税应税劳务所用购进货物的进项税额，符合《增值税暂行条例》有关规定的，准予从销项税额中抵扣。

③兼营非应税劳务。

兼营非应税劳务是指纳税人的经营范围既包括销售货物（包括加工、修理修配），又包括提供非应税劳务。但销售货物与提供非应税劳务不同时发生在同一购买者身上。对于兼营非增值税应税项目的纳税人，应分别核算货物或者应税劳务的销售额和非增值税应税项目的营业额；未分别核算的，由主管税务机关核定货物或者应税劳务的销售额。

# 小规模纳税人应交增值税

小规模纳税人怎样核定呢？小规模纳税人是指年销售额在规定标准以下，并且会计核算不健全，不能按规定报送有关税务资料的增值税纳税人。这里说的会计核算不健全是指不能正确核算增值税的销项税额、进项税额和应纳税额。

相比一般纳税人来说，小规模纳税人只需要设置“应交税金——应交增值税”明细科目来核算增值税的应缴数、已缴数及欠缴或多缴数就足够了。此科目的借方表示已缴增值税；贷方表示应交增值税；期末借方余额则反映企业多缴的增值税；期末贷方余额则反映企业欠缴的增值税。其具体核算如下：

### 1.购进环节

在购进货物或接受应税劳务时，小规模纳税人所支付的增值税，不管是取得增值税专用发票还是普通发票，都必须与所购货物支付的价款一起计入有关货物及劳务的成本里。这是由于小规模纳税人不得开具或索取增值税专用发票，也不得进行销项税额与进项税额的抵扣。所以，在会计处理方面，它就不同于一般纳税人的情况。

### 2.销售环节

在销售货物或提供应税劳务时，只有能认真履行纳税义务的小规模纳税人，才可由县（市）税务机关批准，由税务机关代开专用增值税发票。如果是不能认真履行纳税义务的小规模纳税人，就不得代开专用发票，只能开具普通发票。但不管小规模纳税人开具何种发票，其应纳税额一律按照计税销售额（包括向购买者收取的全部价款和价外费用，不包括其应纳税额和3%的征收率计算。如果是商业企业属于小规模纳税人的，其适用的增值税征收率为3%）。如果小规模纳税人销售货物或提供劳务时，采用销售额和应纳税额合并定价的，则必须按规定方法来将计税销售额换算出来。其具体使用的计算公式：

销售额=取得的收入÷（1+增值税税率）

本期应纳增值税额=不含税销售额×增值税税率

所做会计分录为：

借：银行存款

　　贷：主营业务收入

　　贷：应交税金——应交增值税

### 3.缴税环节

对于小规模纳税人来说，计算出了应上缴的增值税后，在上缴增值税时，应按实际缴纳的税款上缴，其会计分录为：

借：应交税金——应交增值税

　　贷：银行存款

以上是小规模纳税的计税会计处理。那么，一般纳税人又是怎样的呢？它要比小规模纳税人的应纳增值税计税会计处理过程要复杂得多。

# 一般纳税人应交增值税

## 一般纳税人应交增值税的计税会计处理

所谓的一般纳税人是指每年应征增值税销售额（以下简称年应税销售额，包括一个公历年度内的全部应税销售额）超过财政部规定的小规模纳税人标准的企业和企业性单位。但是对年应税销售额未超过标准的小规模企业及个体经营者来说，小规模纳税人会计核算比较健全，能够提供准确税务资料的，且又经主管税务机关批准，可以不视为小规模纳税人，依照本条例有关规定，可以算为一般纳税人来计算应纳税额（摘自《增值税暂行条例》）。下面我们分三个环节具体讲解。

### 1.购进环节的进项税额

在购进环节中，一般纳税人所支付或负担货物，或接受应税劳务的增值税额，这部分金额为进项税额。进项税额不同于销项税额。它们的对应关系是：销售方收取的销项税额就是购买方所支付的进项税额。所以，对任何一个一般纳税人而言，在其经营活动中，既会发生销售货物或提供应税劳务，又会发生购进货物或接受应税劳务，这是因为每一个一般纳税人都会有收取的销项税额和支付进项税额。故而，增值税的核心就是用纳税人收取的销项税额抵扣其所支付的进项税额，其差额就是一般纳税人实际应缴纳的增值税税额。这样，作为可抵扣部分的进项税额，它的多少就会直接关系到纳税人的实际纳税多少。但是需要注意的是，并不是纳税人支付的所有进项税额都可以抵扣，只有符合《增值税暂行条例》规定的进项税额才能抵扣。其会计分录分别为：

①在一般纳税企业采购物资时，按专用发票上注明的增值税额记录为：

借：应交税金——应交增值税（进项税额）

借：物资采购、生产成本、管理费用等（按专用发票上记载的应当计入采购成本的金额）

　　贷：应付账款、应付票据、银行存款等（按应付或实际支付的金额）

②当购入的物资发生退货时，要做相反账务处理。

③如果购进的物资或在产品、产成品发生非常损失，或者购进物资改变了用途等，那么就得把原来能抵扣的那部分进项税额再转出来。借记“待处理财产损溢”“在建工程”“应付福利费”等科目，贷记“应交税金——应交增值税（进项税额转出）”科目。

转作待处理财产损失的这部分进项税额，应与遭受非正常损失的购进货物或在产品、产成品的成本一并处理。

### 2.销售环节的销项税额

在我们实际销售货物时，一般纳税人还常常会采用将销售货物或者应税劳务的销售额和销项税额合并定价收取的方法，这样就形成含税销售额。那么，在计算应纳税额时，就得先价税分流，即将含税销售额换算为不含税销售额，以免导致在增值税计税环节中出现重复纳税的现象，价税分流的计算公式是：

不含税销售额＝含税销售额÷（1＋税率）

此公式中的税率为销售的货物或者应税劳务按《增值税暂行条例》规定所适用的税率。

其会计分录为：

借：银行存款、应收账款、应收票据等

贷：应交税金——应交增值税（销项税额）（按专用发票上注明的增值税额）

贷：主营业务收入等科目（按实现的营业收入）

如果发生销售退回，则做相反的账务处理。

### 3.应交增值税的上缴

到了月底，再计算出应纳增值税税额，即将增值税的销项税额和进项税额等进行相互抵扣。其计算公式为：

应纳增值税额=增值税明细账的贷方合计（销项+进项转出+期初应缴未缴）−借方合计（进项+期初退税）

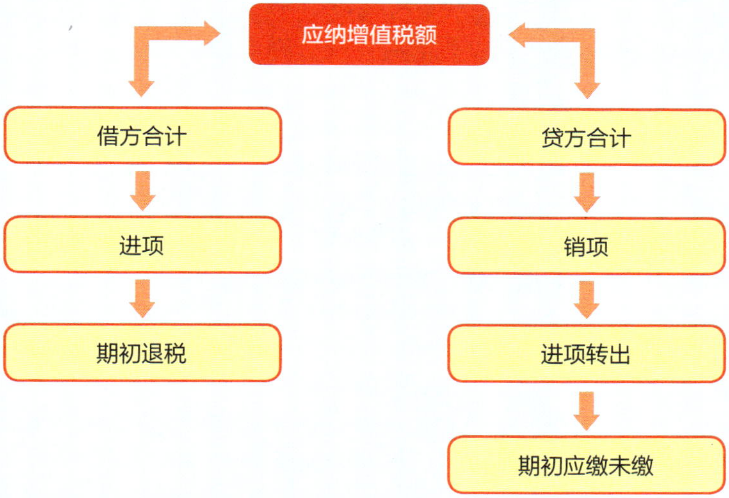


其具体分为：

①将本月应交未交增值税自“应交税金——应交增值税”明细科目转入“应交税金——未交增值税”明细科目，即：

借：应交税金——应交增值税（转出未交增值税）

　　贷：应交税金——未交增值税

②或将本月多交的增值税自“应交税金——应交增值税”明细科目转入“应交税金——未交增值税”明细科目，即：

借：应交税金——未交增值税

　　贷：应交税金——应交增值税（转出多交增值税）

③本月上交上期应交未交的增值税时，即：

借：应交税金——未交增值税

　　贷：银行存款

④本月上交本月的应交增值税时，即：

借：应交税金——应交增值税（已交税金）

贷：银行存款

以上为一般纳税人应交增值税的计税会计处理，但是在进出口环节，原来已经缴纳的增值税是怎样进行会计核算的，这就涉及增值税的出口退税问题。下面具体讲解增值税的出口退税的会计处理。

# 增值税的出口退免税

在进出口环节，原来已经缴纳的增值税能退回来吗？答案是肯定的，但要缴纳相应的出口退税增值税的“出口退税”是指纳税人出口适用税率为零的货物，在向海关办理出口手续后，凭出口报关单等有关凭证，按月向税务机关申报办理该项出口货物的退税（注：其各退税率按国家税法规定执行）。它一般分为两种情况：

### 1.生产企业“免、抵、退”税

按照财政部和国家税务总局财税〔2002〕7号《关于进一步推进出口货物实行免抵退税办法的通知》规定：自2002年1月1日起，生产企业自营或委托外贸企业代理出口自产货物，除另有规定外，增值税一律实行免、抵、退税管理办法。其中，免税是指对生产企业出口的自产货物免征本企业生产销售环节的增值税；抵税是指生产企业出口自产货物所耗用的原材料、零部件、燃料和动力等所含应予退还的进项税额，抵顶内销货物的应纳税额；退税是指生产企业出口的自产货物在当月内应抵顶的进项税额大于应纳税额时，对未抵顶完的部分予以退税。其具体计算公式分别如下：

①当期应纳税额的计算：

当期应纳税额=当期内销货物的销项税额-（当期进项税额-当期免抵退税不得免征和抵扣税额）

其中：

a.免抵退税不得免征和抵扣税额=出口货物离岸价格×外汇人民币牌价×（出口货物征税率-出口货物退税率）-免抵退税不得免征和抵扣税额抵减额

b.免抵退税不得免征和抵扣税额抵减额=免税购进原材料价格×（出口货物征税率-出口货物退税率）

2.免抵退税的计算：

免抵退税额=出口货物离岸价×外汇人民币牌价×出口货物退税率-免抵退税额抵减额

其中：

a.出口货物离岸价以出口发票计算的离岸价为准；

b.免抵退税额抵减额=免税购进原材料价格×出口货物退税率

免税购进原材料包括从国内购进免税原材料和进料加工免税进口料件。

③当期应退税额和免抵税额的计算：

a.如当期期末留抵税额≤当期免抵退税额，则：

当期应退税额=当期期末留抵税额

当期免抵税额=当期免抵退税额-当期应退税额

b.如当期期末留抵税额>当期免抵退税额，则：

当期应退税额=当期免抵退税额=0

④会计处理。

a.企业按出口货物适用的征税率和退税率，计算出口产品本期应分摊计入产品成本的进项税额，从本期应抵扣的进项税额中剔除，其会计处理的分录为：

借：产品销售成本

　　贷：应交税金——应交增值税（进项转出）

b.企业按规定的退税率计算出的出口货物的进项税额抵减内销产品的应纳税额时，其会计处理的分录为：

借：应交税金——应交增值税（出口抵减内销产品应纳税额）

　　贷：应交税金——应交增值税（出口退税）

c.在企业收到出口货物退回的税款时，其会计处理为：

借：银行存款

　　贷：应交税金——应交增值税（出口退税）

d.月份终了，企业将已交的待扣增值税自“应交税金-应交增值税”科目转入“未交增值税”明细科目，其会计处理的分录为：

借：应交税金——未交增值税

　　贷：应交税金——应交增值税（转出多交增值税）

### 2.外贸企业“先征后退”

①外贸企业的出口货物应缴纳增值税的计算公式。

在外贸企业收购出口货物时，由于其支付收购货款的同时也支付了生产经营该类商品的企业已缴纳的增值税税款，也就是先征收了增值税，所以，在货物出口后，要按收购成本与退税率计算退税退还给外贸企业，把征税和退税之差计入企业成本。那么，外贸企业的出口货物应缴纳增值税的计算应依据购进出口货物增值税专用发票上所注明的进项税额和退税率计算。其计算公式为：

应退税额＝外贸收购不含增值税购进金额×退税率

②外贸企业收购小规模纳税人出口货物增值税的退税规定。

a.凡从小规模纳税人购进持普通发票特准退税的抽纱、工艺品等12类出口货物，同样实行销售出口货物的收入免税，并退还出口货物进项税额的办法。其计算公式为：

应退税额＝[普通发票所列（含增值税）销售金额]÷（1＋征收率）×6%（或5%）

b.凡从小规模纳税人购进税务机关代开的增值税专用发票的出口货物，其退税额的计算公式如下：

应退税额＝增值税专用发票注明的金额×6%（或5%）

③外贸企业委托生产企业加工出口货物的退税规定。

外贸企业委托生产企业加工收回后报关出口的货物，按购进国内原辅材料的增值税专用发票上注明的进项税额，依原、辅材料的退税率计算原、辅材料应退税额。支付的加工费，凭受托方开具货物的退税率计算加工费的应退税额。

④会计处理。

在外贸企业出口货物时，增值税先征后退的税款的会计处理的分录为：

借：产品销售成本

　　贷：应交税金——应交增值税（进项转出）

# 规范操作：增值纳税申报和缴纳

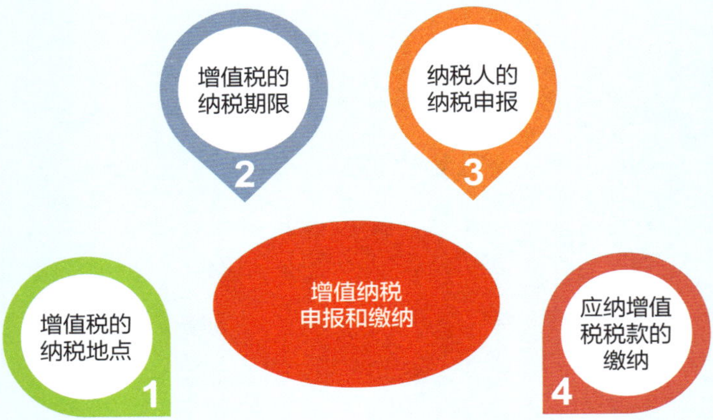


## 1.增值税的纳税地点

为了保证纳税人按期申报纳税，不拖欠税款，根据企业跨地区经营和搞活商品流通的特点及其不同情况，税法还具体规定了增值税的纳税地点：

①固定业户应当向其机构所在地的主管税务机关申报纳税。总机构和分支机构不在同一县（市）的，应当分别向各自所在地的主管税务机关申报纳税；经国务院财政、税务主管部门或者其授权的财政和税务机关批准，可以由总机构汇总向总机构所在地的主管税务机关申报纳税。

②非固定业户销售货物或者应税劳务，应当向销售地或者劳务发生地的主管税务机关申报纳税；未向销售地或者劳务发生地的主管税务机关申报纳税的，由其机构所在地或者居住地的主管税务机关补征税款。

③固定业户到外县（市）销售货物或者应税劳务，应当向其机构所在地的主管税务机关申请开具外出经营活动税收管理证明，并向其机构所在地的主管税务机关申报纳税；未开具证明的，应当向销售地或者劳务发生地的主管税务机关申报纳税；未向销售地或者劳务发生地的主管税务机关申报纳税的，由其机构所在地的主管税务机关补征税款。

④进口货物，应当向报关地海关申报纳税。

⑤扣缴义务人应当向其机构所在地或者居住地的主管税务机关申报缴纳其扣缴的税款。扣缴义务人是指境外的单位或个人在境内销售应税劳务、而在境内未设有经营机构的，其应纳税款以其代理人为扣缴义务人；没有代理人的，以购买者为扣缴义务人。

### 2.增值税的纳税期限

增值税的纳税期限分别为1日、3日、5日、10日、15日、1个月或者1个季度。以1个季度为纳税期限的规定仅适用于小规模纳税人。纳税人的具体纳税期限，由主管税务机关根据纳税人应纳税额的大小进行核定；不能按照固定期限纳税的，可以按次纳税。纳税人以1个月或者1个季度为1个纳税期的，自期满之日起15日内申报纳税；以1日、3日、5日、10日或者15日为1个纳税期的，自期满之日起5日内预缴税款，于次月1日起15日内申报纳税并结清上月应纳税款。扣缴义务人解缴税款的期限，依照前两款规定执行。

### 3.纳税人的纳税申报

（1）小规模纳税人申报。

对于查账征收的小规模纳税人的增值税一般是按月申报，如果无销售额收入按零申报，开具的发票金额为4%或6%。

申报增值税需要申报的报表有：小规模纳税人纳税申报表、增值税申报附列资料、资产负债表和损益表，所有的纳税申报报表都可以从纳税申报系统生成打印，如需要纸质报表，可向当地税务机关免费索取。

（2）一般纳税人的纳税申报。

纳税人无论当期是否有销售额，都应按主管税务机关核定的纳税期限填报纳税申报表，进行纳税申报。纳税申报资料有：

①增值税纳税申报表及其两个附表和固定资产进项税额抵扣情况表。

②附报资料：

a.已开具的增值税专用发票和普通发票存根联；

b.符合抵扣条件并且在本期申报抵扣的增值税专用发票抵扣联；

c.海关进口货物完税凭证的复印件；

d.运输发票复印件（如果取得的运输发票数量较多，经县级国家税务局批准，可只附报单份票面金额在一定数额以上的运输发票复印件）；

e.收购凭证的存根联或报查联；

f.收购农产品的普通发票复印件；

g.主管税务机关要求报送的其他资料。

### 4.应纳增值税税款的缴纳

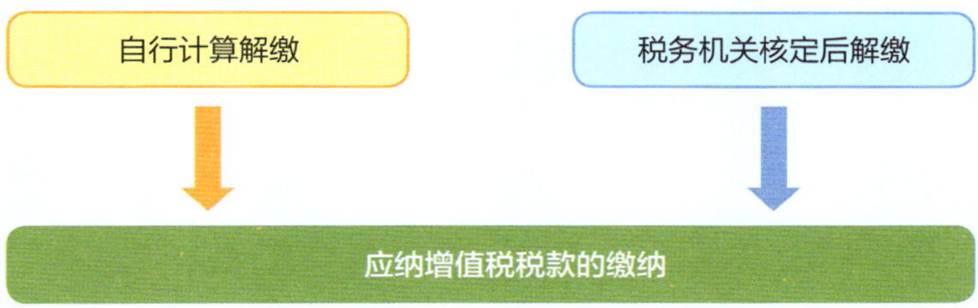


企业除了在税法规定的期限内进行增值税纳税申报外，还应在规定的期限内上缴税款。税额的解缴方式有两种：

#### （1）自行计算解缴

纳税人自行核算应纳税额，在规定的期限内纳税申报后直接在网上缴税并打印税票。再持盖有银行转讫章的纳税凭证及纸质纳税申报资料，报送上级主管税务机关。

#### （2）税务机关核定后解缴

纳税人在规定的期限内将纳税申报资料报送所属税务机关，由税务机关核定后开具税收缴款书，交给纳税人，纳税人持税收缴款书到其开户银行办理税款入库手续。

总之，只有我们掌握了增值税的纳税申报和缴纳的相关内容，才能在纳税申报和缴纳过程中，顺利完成纳税工作。更重要的是，还能有效避免由于不懂如何申报和缴纳，最终导致申报和缴纳的拖延。

# 增值税的税收优惠

随着国家经济的飞速发展，财政部和国家税务总局出台了大量的税收优惠政策，这些政策着实解决了一些特殊的政治、经济和社会问题。在所有税种中，增值税的作用不可小觑，它作为国家的重要税种之一，主要是以流转额为计税依据，能够有效地保证国家财政收入和避免重复征税，还能处处体现出它的公平与效率原则。对于企业来说，增值税起到了一个监督的作用，可以有效地减少或杜绝企业偷税现象的发生，为企业创造一个公平竞争的税收环境。

国家推出增值税的优惠政策后，单从它所发挥的作用来看，增值税的优惠政策不但可以帮助企业解决由于管理不善而造成的财务困难问题，而且还能有效地改善企业的资源配置状况，从而提高企业的经济效率。那么，为了更好地依法纳税，或者更好地进行税收筹划，我们必须要掌握有关增值税的税收优惠政策，其具体如下：

### 1.免征增值税的项目

只要符合以下几种情况的项目，均可免征增值税，具体如下：

①农业生产者销售自产农产品，免征增值税。

②避孕药品和用具、古旧图书、外国政府或国际组织无偿援助的进口物资和设备，以及其他个人（不包括个体工商户）销售自己使用过的物品，均可免征增值税。

③与残疾人有关的免征增值税项目。例如：残疾人组织进口供残疾人专用的物品，残疾人员个人提供的加工和修理、修配劳务及仅供残疾人专用的假肢、轮椅、矫形器，均可免征增值税。

④国有粮食购销企业承担着粮食收储的任务且销售粮食的，或者是政府储备食用植物油的销售，均可免征增值税。

⑤自2012年10月1日起，从事农产品批发、零售的纳税人销售的部分鲜活肉蛋产品免征增值税。

⑥黄金生产和经营单位销售黄金（不包括标准黄金）及黄金矿砂（含伴生金），可免征增值税。

⑦非营利性医疗机构自产自用的制剂，可免征增值税；营利性的医疗机构自产自用的制剂，自取得执业登记之日起，3年内都可以免征增值税。

⑧企业生产的饲料、农膜和化肥等农业生产资料，可免征增值税。

⑨自2008年6月1日起，纳税人生产、销售和批发、零售有机肥产品的，可免征增值税。

⑩拍卖行拍卖的货物是在免税货物范围内的，经过拍卖行所在地县级主管税务机关的批准，可以免征增值税。

⑪企业生产的饲料是单一大宗饲料、混合饲料、配合饲料、复合饲料或浓缩饲料，可免征增值税。

⑫污水处理的劳务，可免征增值税。

⑬自2013年4月1日起，纳税人采取“公司+农户”经营模式从事畜禽饲养，纳税人回收再销售畜禽，属于农业生产者销售自产农产

品，免征增值税。

### 2.减半征收增值税的项目

符合以下几种情况的项目，均可享受增值税减半的优惠政策，具体如下：

①纳税人销售的旧货，实行减半征收优惠政策，按2%征收率征收增值税。这里的旧货是指进入二次流通且具有部分使用价值的货物，主要包括旧汽车、旧摩托车和旧游艇，而纳税人自己使用过的物品不包括在内。

②如果一般纳税人销售的是自己使用过的物品，则将不得对未抵扣进项税额的固定资产实行减征增值税的优惠政策，按照3%征收率进行征收。

③如果一般纳税人销售的是自己使用过的，且是2008年12月31日以前购进或自制的固定资产，则实行减半征收增值税的优惠政策，按照3%征收率进行征收。

### 3.即征即退增值税的项目

符合以下几种情况的项目，均可享受即征即退增值税，具体如下：

①安置残疾人就业的单位只要符合以下条件，且经过相关部门认定后，可按实际安置的残疾人人数，享受限额即征即退增值税的税收优惠。不过，这里的单位主要包括福利企业、盲人按摩机构、工疗机构和其他单位等。

a.单位依法与安置的每位残疾人签订一年及一年以上的劳动合同或服务协议，且安置每位残疾人实际上岗工作的，可享受即征即退的增值税优惠政策。

b.月平均实际安置的残疾人占单位在职职工总数的比例不低于25%，且实际安置的残疾人人数不低于10人，可享受即征即退的增值税优惠政策。

c.单位按月足额为安置的每位残疾人缴纳基本养老保险、基本医疗保险和工伤保险等社会保险，并且他们可享受即征即退的增值税优惠政策。

d.通过银行等金融机构向每位残疾人支付工资的，可享受即征即退的增值税优惠政策。

e.具备安置残疾人上岗工作的基本设施的，可享受即征即退的增值税优惠政策。

②企业生产的高纯度二氧化碳产品是以工业废气为原料的，只要符合GB 10621—2006的相关规定，可享受即征即退的增值税优惠政策。

③企业生产的电力或者热力是以垃圾为燃料，其垃圾用量占发电燃料的比重不低于80%，且生产排放符合相关规定的，可享受即征即退的增值税优惠政策。不过，这里的垃圾是指城市生活垃圾、农作物秸秆、树皮废渣、污泥和医疗垃圾等。

④开采煤炭过程中，企业将其伴生的舍弃物——油母页岩作为原料而生产页岩油者，可即征即退增值税。

⑤生产再生沥青混凝土时，企业主要是以废旧沥青混凝土作为原料，且废旧沥青混凝土用量占生产原料的比重不低于30%的，可即征

即退增值税。

⑥企业采用旋窑法工艺生产，且生产原料中掺兑废渣比例不低于30%的水泥，其中包括水泥熟料，可即征即退增值税。

⑦企业销售的是自产货物，例如：涂料硝化棉粉、副产品、电力及部分新型墙体材料产品等，实行即征即退50%的增值税优惠政策。

以上就是有关增值税的税收优惠内容，不难看出，增值税税收优惠作为税收的重要组成部分，遍布商品流转的各个环节，其主要作用就是弥补纳税人的政策性亏损，能够有效改善资源配置，从而提高经济效率。同时，还能扶持并鼓励纳税人的经济活动，并减轻了纳税人的经济负担。因而，我们掌握国家的税收优惠政策是非常有必要的。

# 第三章
# 消费税的会计处理

消费税是税务会计中最重要的税收之一。但很多人并不了解消费税，更不懂它是如何进行计算和会计处理的，有些人甚至还不知道消费税如何申报和缴纳，而这些都是我们必须掌握的税务会计知识。所以，无论你是会计人员还是企业的领导者，都必须了解并掌握消费税的相关知识。

# 消费税的特点和征收范围

在税务会计管理中，除了增值税和营业税外，消费税是所有税收中极为重要的一种税收。消费税主要是以消费品流转额作为课税对象的各种税收的统称，是政府向消费品征收的税项，可向批发商或零售商征收。消费税只在应税消费品的生产、委托加工和进口环节缴纳，而在批发和零售等环节，由于价款中已包含消费税，故而不用再缴纳消费税，且税款最终是由消费者来承担。另外，消费税的纳税人必须是在我们境内生产、委托加工、零售和进口由《中华人民共和国消费税暂行条例》规定的应税消费品的单位和个人。

消费税的征税项目具有一定选择性，其征税对象主要是以税法规定的特定产品为主。也就是说，国家可以根据宏观产业政策和消费政策的要求，有目的地、有重点地选择一些消费品，并对其征收消费税，这也是为了适当地限制某些特殊消费品的消费需求，所以，消费税税收的调节具有一定的特殊性。具体体现在以下几个方面：

### 1.消费税的特点

①不同产品设计有不同的税率，同一产品同等纳税。

②消费税征收环节具有单一性。

③征收方法具有多样性。

为了适应不同消费品的应税情况，消费税有三种征税方法：分别是从价定率、从量定额和从价从量复合计征。

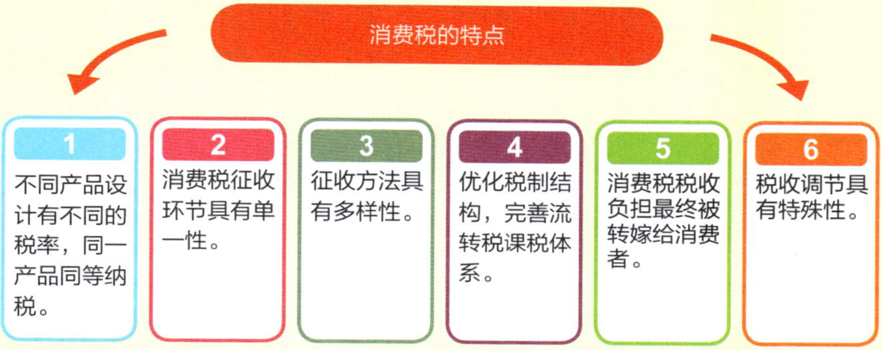


④优化税制结构，完善流转税课税体系。

⑤消费税税收负担最终被转嫁给消费者。

⑥税收调节具有特殊性。

这一特殊性表现在两个方面：一是不同的征税项目税负差异较大；二是消费税往往同有关税种配合实行加重或双重调节。

### 2.消费税的征收范围

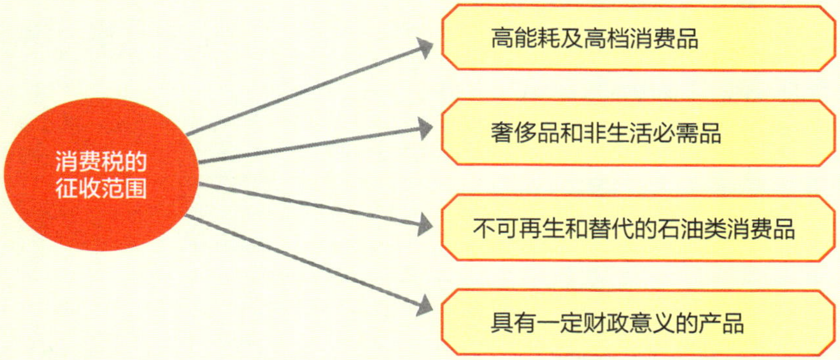


一般来说，消费税的征收范围比较广，概括起来，它包括了以下

几种类型的产品：

第一类：高能耗及高档消费品，比如：小轿车、摩托车等；

第二类：奢侈品和非生活必需品，比如：高档化妆品、贵重首饰等；

第三类：不可再生和替代的石油类消费品，比如：汽油、柴油等；

第四类：具有一定财政意义的产品，比如：普通化妆品等，这种消费品的税涉及领域比较广泛，消费非常普遍。对于这方面的征税，比较利于国家的财政收入的增加。

消费税的税率有两种形式：一种是比例税率；另一种是定额税率，即单位税额。消费税税率形式的选择，主要是根据课税对象情况来确定，对一些供求基本平衡，价格差异不大，计量单位规范的消费品，选择计税简单的定额税率，如黄酒、啤酒、成品油等；对一些供求矛盾突出、价格差异较大，计量单位不规范的消费品，选择税价联动的比例税率，如烟、白酒、化妆品、护肤护发品、鞭炮、贵重首饰及珠宝玉石、摩托车、小汽车等。

一般情况下，对一种消费品只选择一种税率形式，但为了更好地保全消费税税基，对一些应税消费品如卷烟、白酒，则采用了定额税率和比例税率双重征收形式。

**消费税税目税率表**

| 税目 | | 税率 |
|---|---|---|
| 一、烟 | | |
| 1.卷烟 | （1）甲类卷烟 | 56%加0.003元/支（生产环节） |
| | （2）乙类卷烟 | 36%加0.003元/支（生产环节） |
| | （3）商业批发 | 11%加0.005元/支（批发环节） |

续表

| 税目 | | 税率 |
|---|---|---|
| 2.雪茄烟 | | 36%（生产环节） |
| 3.烟丝 | | 30%（生产环节） |
| 二、酒 | | |
| 1.白酒 | | 20%加0.5元/500克（或者500毫升） |
| 2.黄酒 | | 240元/吨 |
| 3.啤酒 | （1）甲类啤酒 | 250元/吨 |
| | （2）乙类啤酒 | 220元/吨 |
| 4.其他酒 | | 10% |
| 三、化妆品 | | 30% |
| 四、贵重首饰及珠宝玉石 | | |
| 1.金银首饰、铂金首饰和钻石及钻石饰品 | | 5% |
| 2.其他贵重首饰和珠宝玉石 | | 10% |
| 五、鞭炮、焰火 | | 15% |
| 六、成品油 | | |
| 1.汽油 | | 1.52元/升 |
| 2.柴油 | | 1.20元/升 |
| 3.航空煤油 | | 1.20元/升 |
| 4.石脑油 | | 1.52元/升 |
| 5.溶剂油 | | 1.52元/升 |
| 6.润滑油 | | 1.52元/升 |
| 7.燃料油 | | 1.20元/升 |
| 七、摩托车 | | |
| 1.气缸容量250毫升的小排气摩托车 | | 3% |

续表

| 税目 | | 税率 |
|---|---|---|
| 2.气缸容量250毫升以上的摩托车 | | 10% |
| 八、小汽车 | | |
| 1.乘用车 | （1）气缸容量（排气量，下同）在1.0升（含1.0升）以下的 | 1% |
| | （2）气缸容量在1.0升以上至1.5升（含1.5升）的 | 3% |
| | （3）气缸容量在1.5升以上至2.0升（含2.0升）的 | 5% |
| | （4）气缸容量在2.0升以上至2.5升（含2.5升）的 | 9% |
| | （5）气缸容量在2.5升以上至3.0升（含3.0升）的 | 12% |
| | （6）气缸容量在3.0升以上至4.0升（含4.0升）的 | 25% |
| | （7）气缸容量在4.0升以上的 | 40% |
| 2.中轻型商用客车 | | 5% |
| 九、高尔夫球及球具 | | 10% |
| 十、高档手表 | | 20% |
| 十一、游艇 | | 10% |
| 十二、木制一次性筷子 | | 5% |
| 十三、实木地板 | | 5% |
| 十四、铅蓄电池 | | 4% |
| 无汞原电池、金属氢化物镍蓄电池、锂原电池、锂离子蓄电池、太阳能电池、燃料电池和全钒液流电池 | | 免征 |
| 十五、涂料 | | 4% |
| 施工状态下挥发性有机物含量低于420克/升（含） | | 免征 |

总之，消费税是国家为体现消费政策，对生产、委托加工、零售和进口的应税消费品征收的一种税，它的重要性不言而喻。

# 消费税是价内税还是价外税

消费税是价内税，还是价外税，关于这个问题，很多人都感到十分迷惑。其实，要想真正弄清楚这个问题，就必须要知道什么是价内税，什么是价外税。只有掌握了价内税和价外税的相关知识，才能将它们区分开来，关于消费税是“价内税”还是“价外税”的问题自然迎刃而解。

价内税是指税金构成商品价格一部分的税收存在形式，即商品价格中包含应缴流转税税金。也就是说，价内税是税金由销售方承担税款，销售方取得的货款就是其销售款，而税款要从中扣除。由此而得出其计算公式：

应纳税款 = 货款（销售款）× 税率 = 含税价格 × 税率

对于价外税，它主要指的是与销售货物相关的增值税额并不作为价格的组成部分，而是单独进行核算，即商品价格汇总不包含应计流转税税金。

一般来说，价外税是由购买方承担税款，销售方所取得的货款包括销售款和税款。由于税款等于销售款乘以税率，而销售款又等于货款（即含税价格）减去税款，即不含税价格，所以，税款的计算公式为：

应纳税款＝［货款÷（1＋税率）］×税率＋不含税价格×税率

不难看出，从计算税款的计算公式，就能直接将价内税与价外税区分开来。可以说，价外税是价内税的对称，它们之间最本质的区别主要在于商品价格中，应计流转税税金是否包含在内：若包含在内便称为价内税，若不包含在内则称为价外税。

另外，在价外税条件下，购买者支付的商品市场价格主要是由生产价格和商品税金两部分组成，而不含税的价格计征税款，是不会产生税上加税的重复征税问题的，所以说，价外税具有直观、透明而中性的特点，便于纳税人相互监督并了解自己对国家贡献的大小。

就目前而言，价外税只有增值税，其他流转税都是价内税，那么，消费税自然就是价内税。对于同一个业务，企业既要缴纳增值税，也要缴纳消费税，而消费税和增值税的计税依据是相同的，都是销售款，关于这一点，企业老板要特别注意。

通俗点说，流转税是由购买方承担的，而购买方所支付的金额主要包括两个部分，一部分是归销货方的销售款，另一部分则是归国家的税款。在国外，购买方在购物时，需要同时支付税款，比较符合这一原理的实际应用，而这里的税款是价外税。在这种情况下，如果某件商品标价是200元，该商品的税率为25%，那么，购买方需要支付200+200×25%=250元的款项，才能购买到这件商品。

在我国，由于历史的原因，税款是包含在货款中的，所以，购买方就不需要另外支付税款，而这里的税款是价内税。在这种情况下，如果某件商品的标价是250元，该商品税率为20%，那么，购买方只需要支付250元的款项，而销货方则需要扣除250×20%=50元的税款后，即250−50=200元才是真正属于销货方的销售款。

不难看出，在这两种计税模式下，销货方的销售款与税款是相同的，分别200元和50元，而购买方支付的全部款项都是250元，唯一的区别就是税率不同，一个是25%，一个是20%，换句话说，这两种计税模式只是两种不同的表现形式而已，而对于国民收入的分配（税金）根本就没有实质性的区别。

总之，我们需要了解价内税和价外税的区别，也就是计算税款的公式不同，而除了增值税是价外税外，其他税种都属于价内税，显而易见，消费税属于价内税，这点毋庸置疑。

对于企业来说，消费税的应税销售收入中包含应纳税额，而在销售成本中，应纳税额是包含其中的，缴纳的消费税要作为收入的抵减而计入利润表中，因此，消费税的计算与交纳，均与利润表有关。当消费税税率发生变化时，企业所获得的利润将直接受到影响，这就更能说明消费税属于价内税了。

# 消费税应纳税额

显然，仅仅了解消费税的基本概念及范围，还远远不够，因为消费税是一项非常重要的税收。关于它的计算和会计处理，这些都需要我们进一步去了解并掌握，那么，消费税如何计算和会计处理呢？

## 1.消费税应纳税额确定

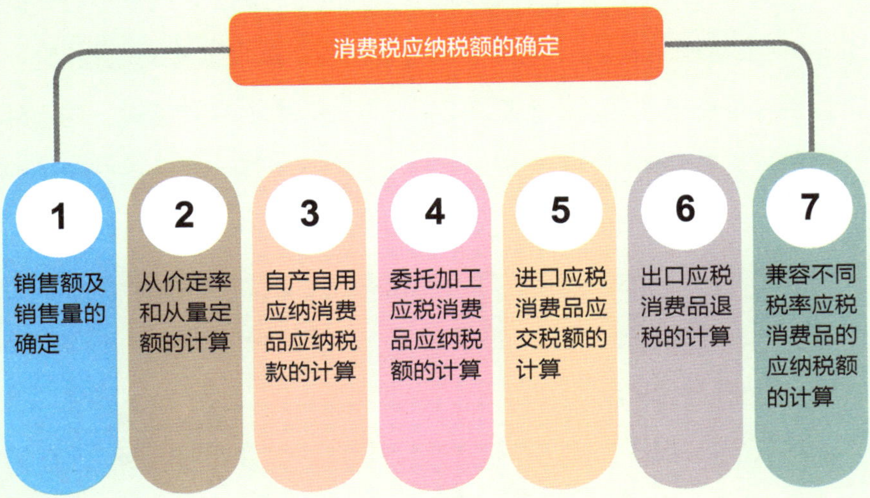


### （1）销售额及销售量的确定

①销售额的确定。

销售额的确定是指纳税人销售应税消费品向购买方收取的全部价款及价外费用，类似于增值税。不过，值得注意的是，其包装物押金处理与增值税相同，而酒类包装物押金则全部并入销售额里，其中不包括代垫的运费。

②销售量的确定。

关于销售量的确定，如果纳税人销售的是应税消费品，则为应税消费品的销售数量：如果纳税人销售的是自产自用的应税消费品，则为消费品的移动使用数量；如果纳税人销售的是委托加工应税消费品，则为纳税人收回的应税消费品数量；如果纳税人销售的是进口的应税消费品，则为海关核定的应税消费品数量。

### （2）从价定率和从量定额的计算

①从价定率的计算公式：

应纳税额=销售额×税率

②从量定额的计算公式：

应纳税额=销售量×单位税额

③从价定率和从量定额结合起来计算。

比如白酒应交消费税就是既按每500克征收0.5元的从量定额消费税，又按销售金额的20%征收从价定率的消费税，实行复合征收。

### （3）自产自用应纳消费品应纳税款的计算

一般来说，如果纳税人自产自用应纳消费品主要用于连续生产应税消费品，则不征税，而用于其他方面的，比如：纳税人用于生产非应税消费品、管理部门及用于馈赠等方面的应税消费品，这些都应视同销售，纳税人要依法缴纳消费税。

关于生产自用应纳消费品应纳税款的计算公式，具体如下：

组成计税价格=（成本+利润）÷（1-消费税税率）

应纳税额=组成计税价格×适用税率

（4）委托加工应税消费品应纳税额的计算

委托加工应税消费品是由受托方交货时，代扣代缴消费税，并按照受托方的同类消费品销售价格计算，如果没有同类消费品销售的价格，可以按组成计税价格计税，具体计算公式如下：

组成计税价格=（材料成本+加工费）÷（1-消费税税率）

应纳税额=组成计税价格×适用税率

（5）进口应税消费品应交税额的计算

一般来说，进口应税消费品主要按照组成计税价格计算纳税的，其计算公式如下：

①从价定率计算：

组成计税价格=（关税完税价格+关税消费）÷（1-消费税税率）

关税计税价格主要指的是海关核定的关税计税价格。

②从量定额计算：

应纳税额=组成计税价格×消费税税率

（6）出口应税消费品退税的计算

关于出口应税消费品退税的计算，首先要确定退税率，一般是按原适用税率来计算的，其退税的计算公式如下：

①从价定率：

应退消费税款=销售额×税率

②从量定额：

应退消费税款=出口数量×单位税额

（7）兼容不同税率应税消费品的应纳税额的计算

如果纳税人兼容不同税率的应税消费品，可以对不同税率应税消费品的销售额和销售数量分别进行核算，而对于没有分别核算的，则可以从高使用税率，具体如下：

①一般来说，应税消费品的销售额不包括应向购买方收取的增值税税款，其计算公式如下：

应税消费品的销售额=含增值税的销售额÷（1+增值税税率或征收率）

②对于生产、批发及零售单位用于馈赠、职工福利等方面或没有分别核算销售的，则按照组成计税价格计算纳税，其计算公式如下：

组成计税价格=购进价格×（1+利润率）÷（1−消费税税率）

应纳税额=责成计税价格×消费税税率

## 2.消费税应纳税额的会计处理

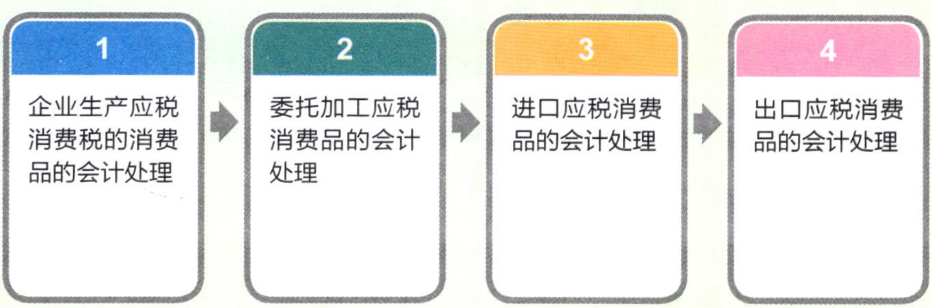

（1）企业生产应税消费税的消费品的会计处理

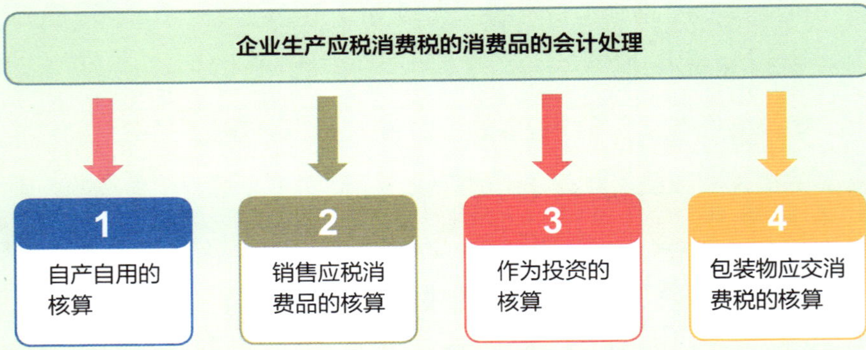


对于企业生产应纳消费税的消费品的会计处理，需要根据其实际情况来核算消费税，具体如下：

①自产自用的核算：消费税列入“在建工程”“经营费用”等。

②销售应税消费品的核算：消费税列入“营业税金及附加”。

③作为投资的核算：消费税按照合同价来计算。

④包装物应交消费税的核算：

a.包装物单独计价的消费税列入“其他业务支出”；

b.包装物不单独计价的消费税并入销售额；

c.包装物预期或没收的押金列入“营业外收入”或“其他业务收入”。

（2）委托加工应税消费品的会计处理

对于委托加工应税消费品的会计处理，可以分为两种情况来核算消费税，具体如下：

①收回后直接出售的，支付的消费税列入委托加工材料的成本，

会计分录为：

借：委托加工物资

　　贷：银行存款等

②收回后继续生产应税消费品的，收回后继续生产应税消费品的可以扣除，但支付消费税时，会计分录为：

借：应交税金——应交消费税

　　贷：银行存款等

### （3）进口应税消费品的会计处理

关于进口应税消费品的会计处理，进口应税消费品所支付的消费税列入采购成本，支付时做：

借：材料采购

　　贷：银行存款

### （4）出口应税消费品的会计处理

关于出口应税消费品的会计处理，根据企业的性质，主要分为以下两种情况，具体如下：

①生产企业。

一般来说，生产企业出口应税消费品主要分为直接出口的和委托外贸代理出口。具体的会计处理如下：

a.直接出口的：免税不做账务处理。

b.委托外贸代理出口的，则需要先交后退，其具体如下：

◎计提时：

借：应收账款

贷：应交税费

◎上交时：

借：应交税费

贷：银行存款

◎收到退税时：

借：银行存款

贷：应收账款

②外贸企业。

通常，外贸企业出口应税消费品主要分为自营出口和代理出口。具体的会计处理如下：

a.自营出口。

自营出口的会计处理，具体如下：

◎采购时：

借：材料采购

贷：有关科目

◎计提应退税款时：

借：应收出口退税

贷：主营业务成本

◎收到退税款时：

借：银行存款

贷：应收出口退税

b.代理出口。

代理出口的会计处理，具体如下：

◎计提手续费时：

借：应收（付）账款

　　贷：代购代销收入

◎收到贷款时：

借：银行存款

　　贷：应收（付）账款

◎支付货款时：

借：应付账款

　　贷：银行存款（应收账款）

以上就是消费税应纳税额的计算与会计处理。如果你掌握了这些，表明你对消费税有了进一步的了解。更重要的是，在实际经营活动中，我们要选择一种正确的方式来计算与处理。

# 规范操作：消费税纳税申报和缴纳

消费税如何进行纳税申报和缴纳？这问题是消费税中比较重要的问题，也是很多企业老板或会计人员比较关心的问题。因为在进行纳税申报过程中，由于很多人不了解纳税申报和缴纳的相关知识，就会遇到诸多问题，比如：纳税人错过了纳税时间，或者是纳税人不知道纳税地点在哪。这样就导致消费税纳税申报和缴纳不能顺利进行，所以，消费税的纳税申报和缴纳的基本内容，是企业老板或会计人员必须要懂的消费知识。那么，到底如何进行消费税纳税申报和缴纳呢？

### 1.纳税义务发生时间

①如果纳税人销售的是应税消费品，其采用的结算方式不同，就

会有不同的纳税义务发生时间，具体如下：

a.当纳税人采用预收货款的结算方式，发出应税消费品的当天便是纳税义务的发生时间。

b.当纳税人采用赊销和分期收款的结算方式，销售合同规定的收款日期的当天便是纳税义务的发生时间。

c.当纳税人采用托收承付的结算方式，发出应税消费品并办妥托收手续的当天便是纳税义务的发生时间。

d.当纳税人选择其他的结算方式，收讫销售款或取得索取销售凭据的当天便是纳税义务的发生时间。

②如果纳税人销售的是自产自用的应税消费品，移送使用的当天便是纳税义务的发生时间。

③如果纳税人销售的是委托加工的应税消费品，纳税人提货的当天便是纳税义务的发生时间。

④如果纳税人销售的是进口的应税消费品，报关进口的当天便是纳税义务的发生时间。

### 2.纳税地点

对于不同应税消费品，其消费税纳税地点也会有所不同，具体可以分为以下四种情况：

①如果纳税人销售的是应税消费品或者自产自用的应税消费品，除国家另有规定外，其申报纳税的地点是纳税核算地主管税务机关。当纳税人总机构和分支机构不在同一县（市）时，其申报纳税的地点是生产应税消费品的分支机构所在地。但是，倘若纳税人获得国家税

务总局及所属分局的批准，纳税人分支机构应纳的消费税，可以由总机构汇总，向它所在地的主管税务机构进行申报纳税。

②如果纳税人到外县（市）销售，或者是委托外县（市）代销自产应税消费品，必须提前提出申请，其申请地点是其所在地主管税务机关。当纳税人应税消费品销售后，还需要缴纳税款，并且需要回到纳税人核算地才能进行。

③如果纳税人销售的是委托加工的应税消费品，缴纳消费税税款时，就必须是由受托方向所在地主管税务机关报缴。

④如果纳税人销售的是进口的应税消费品，则必须是由进口人或者其代理人向报关地海关进行申报纳税。另外，如果个人携带或者邮寄进境的应税消费品，必须和关税由海关一起计征，其具体办法由国务院关税税则委员会同有关部门来制定。

### 3.纳税环节

根据纳税人应税消费品的不同，其消费税的纳税环节也会有所不同，具体可以分为以下三种情况：

#### （1）生产环节

①如果纳税人销售的是生产的应税消费品，则是由生产者在销售时进行纳税。其中，生产者自产自用的应税消费品，主要是用于本企业连续生产，则不需要进行征税，而用于其他方面，就要在移送使用时进行纳税。

②如果纳税人销售的是委托加工的应税消费品，就要由受托方在向委托方交货时，代收代缴税款。其中，如果纳税人直接出售委托加

工的应税消费品，则不需要再征收消费税；如果纳税人收回委托加工应税的消费品，并用于本企业连续生产，则对于最终生产的消费品而言，他们需要缴纳消费税。所以，对于受托方代收代缴的消费税而言，准予其抵扣。

（2）零售环节

对于金银首饰消费税，它将由生产销售环节征收改为零售环节征收。

（3）进口环节

关于进口的应税消费品，在报关进口时，主要是由进口报关者进行纳税。

4.纳税期限

与营业税纳税期限一样，消费税的纳税期限也是由主管税务机关按照纳税人应纳税额的大小来规定其时间的，其核定的期限有5日、10日、半个月或1个月，如果纳税人不能按照固定期限纳税，可以按次纳税，具体如下：

①如果纳税人是以5日、10日或15日为一期的，自期满后的5日内，便可预缴税款，而在次月1日起至10日内，纳税人就可以申报纳税，并结算上月应纳税款。

②如果纳税人是以1个月为一期，自期满后的10日内，便可申报缴纳。值得注意的是，如果纳税人销售的是进口的应税消费品，则是自海关填发税款缴纳证的次日起7日内缴纳税款。

### 5.报缴税款的方法

一般来说，纳税人可以根据所在地主管税务机关的实际情况来采取不同的报缴税款的方式，具体如下：

①纳税人要如期向税务机关填报纳税申报表，同时，还需要填写纳税缴款书，最后向其所在地代理金库的银行进行缴纳税款。

②纳税人要如期向税务机关填报纳税申报表，经税务机关审核通过，还需要填写缴款书，并按期缴纳。

③如果一些小型业户的会计核算不健全，税务机关可以根据其实际的产销情况来核定应纳税额，比如：按季或按年。

当我们了解并掌握了消费税纳税申报和缴纳的基本常识后，就会懂得用何种方式，在何时何地进行申报与缴纳消费税，并在有限的纳税期内，完成消费税的申报和缴纳。

# 消费税的税收优惠

生产决定消费，而消费对生产具有反作用，国家对消费税的调整，对生产的调节极为有利，能够促进经济结构的优化。同时，还能引导消费行为，培养公民科学的消费观念。为了激活市场，国家不断调整消费税，并实行消费税税收优惠政策，给予企业一定的补贴，以促进企业的飞速发展，达到增加国家财政收入的目的。为了能够享受更多的税收优惠，了解并掌握消费税税收优惠政策对纳税人来说是非常有必要的，具体如下：

## 1.免征消费税的项目

符合以下几种情况的项目，均可享受免征消费税，具体如下：

①对于纳税人出口应税消费品，除国务院另有规定外，可免征消费税；

②对于纳税人自产自用的应税消费品，主要用于连续生产应税消费品的，可免征消费税，而用于其他方面的，在移动使用时，纳税人需要缴纳消费税。

③自2011年起，生产企业自产石脑油和燃料油，主要用于生产乙烯、芳烃类化工产品的，则按照实际耗用数量暂时免征消费税。

④根据相关税法规定，农用拖拉机、收割机和手扶拖拉机专用轮胎不在应征消费税的“汽车轮胎”范围内，可免征消费税。

⑤根据相关税法规定，变压器油、导热类油等绝缘油类产品不在应征消费税的“润滑油”范围内，可免征消费税。

⑥航空煤油暂缓征收消费税。

⑦生产乙醇汽油时，如果企业使用的是外购或委托加工收回的已税汽油，可免征消费税。

⑧自2009年1月1日起，企业生产成品油时，其自产的成品油是被油燃料、动力及原料消耗掉的，则免征消费税；而对于成品油生产企业生产自用油已缴纳的消费税，只要符合法律的免税规定，则予以退还。

⑨自2009年1月1日起，企业利用废弃的动植物油生产的纯生物柴油，其所占生产原材料比重不低于70%，且生产的纯生物柴油符合国家相关法律标准的，可免征消费税。

如果企业销售的是子午线轮胎，则免征消费税。

### 2.退还消费税的项目

符合以下几种情况的项目，均可享受退还消费税，具体如下：

①自2011年10月1日起，如果企业生产乙烯、芳烃时，主要使用的是石脑油和燃料油，则按其实际耗用数量暂退还所含消费税。

②如果企业使用石脑油和燃料油来生产乙烯、芳烃类化工产品，其产量占本企业使用石脑油和燃料油生产产品总量的一半或一半以上，则享受退（免）消费税的优惠政策。

③自2009年1月1日起，在开采原油过程中，油（气）田企业消耗的内购成品油，则暂时按实际缴纳成品油消费税的税额，全额返还所

含消费税。

实际上，国家推行的消费税优惠政策是为了激活企业和消费者的动力，让企业享受到国家相应消费税优惠待遇的同时，还能最大限度地激发企业创造更大的价值，从而加快企业前进的步伐，以达到满足消费者日益增长的需求的目的。

# 第四章 营业税的会计处理

在企业经营过程中，所获得的收入并非都属于自己，有相当一部分收入需要交给国家。营业税作为税务管理中的重要税收之一，如果不了解营业税的相关知识，就无法做好税务管理，尤其是要掌握营业税的会计处理，纳税人只有这样才能做到心中有数，正确纳税。

# 营业税的课税对象和范围

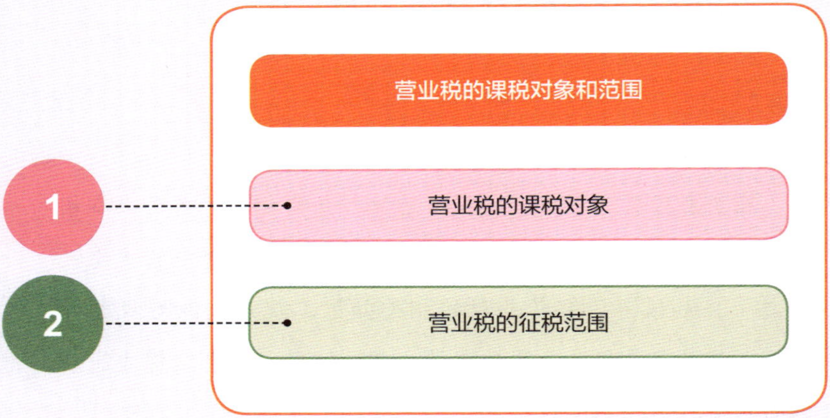


在税务会计中，营业税是最重要的税收之一，如果对营业税的相关知识不了解，就无法做好税务会计管理，而营业税的课税对象和范围又是我们必须掌握的营业税的基础知识。下面来分别讲述：

### 1.营业税的课税对象

营业税的征税对象是指在中华人民共和国“境内”提供的“应税劳务”“转让的无形资产”和“销售的不动产”。其中，“境内”指的是“提供或接受”应税劳务的单位或个人、所转让的无形资产（不含土地使用权）的“接受”（而非“转让”）单位或个人、所转让或出租土地使用权的土地、所销售或出租的不动产在境内。对于应税劳务，它主要包括交通运输业、建筑业、金融保险业、邮电通信业、文化体育业、娱乐业和服务业等方面。

### 2.营业税的征税范围

营业税的征税范围具体如下：

（1）交通运输业

交通运输业税率为3%，主要包括：陆路运输、水路运输、航空运输、管道运输、装卸搬运。其中，打捞比照水路运输征税，而通用航空和航空地面服务业务则比照航空运输业务征税。

（2）建筑业

建筑业税率为3%，其主要包括：建筑、安装、修缮、装饰业务以及代办电信工程、水利工程、道路修建、疏浚、钻井（打井）、拆除建筑物、爆破等其他工程作业。

（3）金融保险业

金融保险业税率为5%，其主要包括：贷款、融资租赁、金融商品转让、金融经纪业、其他金融业务和保险业。

（4）邮电通信业

邮电通信业税率为3%，其主要包括：传递函件及包件、邮汇、报刊发行、邮务物品销售、邮政储蓄及其他邮政业务、电报、电传、电话、电话机安装、电信物品销售及其他电信业务。

（5）文化体育业

文化体育业税率为3%，其主要包括：表演、播映、其他文化业、经营游览场所、体育比赛及为体育比赛提供场地的业务。

（6）娱乐业

娱乐业税率为5%~20%，其主要包括：歌厅、舞厅、卡拉OK歌舞厅、音乐茶座、台球、高尔夫球场、保龄球场和游艺。

（7）服务业

服务业税率为5%，其主要包括：代理业、旅店业、饮食业、旅游业、仓储业、租赁业和广告业等其他服务业。其中，远洋运输企业中的“光租”、航空运输企业中的“干租”、交通部门有偿转让高速公路收费权行为和酒店产权式经营业务获得的租金收入，都必须按照“服务业”税目（租赁业）征收营业税；单位和个人在旅游景点经营所取得的收入按“服务业”税目“旅游业”项目征收营业税；而无船承运业务应按照“服务业—代理业”税目征收营业税。

（8）转让无形资产

转让无形资产税率为5%，其主要包括：转让土地使用权、转让商标权、转让专利权、转让非专利技术、转让著作权和转让商誉。

（9）销售不动产

销售不动产税率为5%，其主要包括：销售建筑物、构筑物及其他土地附着物。

除以上所述的营业税征收范围外，单位或个人将不动产或土地使用权无偿赠送其他单位或个人，或者是单位或个人自建建筑物后销售，其所发生的自建行为，均视同发生应税行为，并按规定征收营业税。但是，以不动产或无形资产投资入股，参与接受投资方利润分配的行为、共同承担投资风险的行为、投资后转让其股权以及融资性售后回租业务中承租方出售资产的行为，都不属于营业税征收范围，均不征收营业税。

# 营业税的计税会计处理

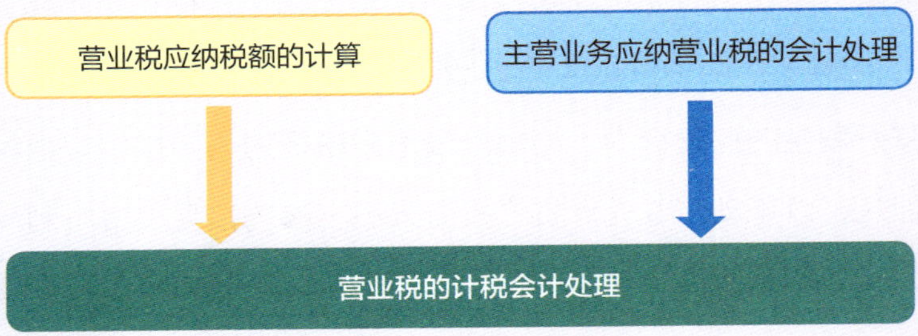


营业税是以营业额全额为计税依据，它属于商品劳务税，其税额的计算不会受到成本费用高低的影响，这有助于保证国家财政收入的正常收支，其税目、税率都是按行业专门设计的。相对于其他税种来说，营业税的计算方法非常简便，非常方便纳税人计算缴纳。营业税实行普遍征收的方式，其税率较低，但由于各行业的盈利水平不同，则按照行业差别比例额税率来征收。那么，营业税该怎样计税和会计处理呢，其具体如下：

### 1.营业税应纳税额的计算

（1）普遍性的计算

一般来说，关于营业税应纳税额的计算，主要是按照营业额和规定的税率进行计算的，其计算公式如下：

应纳税额=营业额×税率

其营业额，也主要是纳税人提供应税劳务、转让无形资产或销售不动产，并向对方收取的全部价款和价外费用。其中，价外费用主要包括向对方收取的手续费、集资费、基金、待售款项、代垫款项及其他各种性质的价外收费。但是，也有其特殊性。

（2）特殊性的计算

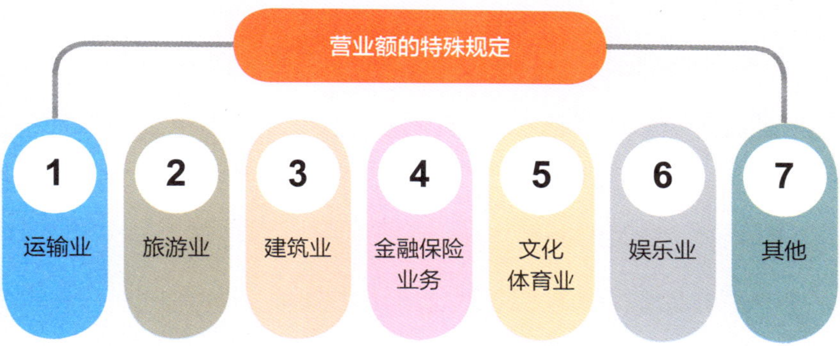


营业额的特殊规定，具体如下：

①运输业。

a.运输企业自中华人民共和国境内运输旅客或者货物出境，在境外改由其他运输企业承运乘客或者货物的，以全程运费减去付给该承运企业的运费后的余额为营业额。

b.联营运输业务，以实际取得的营业收入为营业额，即以收到的收入扣除支付的运费、装卸费、换装费等费用后的余额为营业额。

②旅游业。

a.旅游企业组织旅游团到中华人民共和国境外旅游，在境外改由其他旅游企业接团的，以全程旅游费减去付给该接团企业的旅游费后的余额为营业额。

b.旅游企业在境内组团旅游，改由其他旅游企业接待的，其营业额也允许扣除给其他旅游企业的费用。

c.旅游业务，以收取全部旅游费减去替旅游者付给其他单位的餐费、住宿费、交通费、门票和其他代付费用后的余额为营业额。

③建筑业。

a.建筑业的总承包人将工程分包或者转包他人的，以工程全部承包额减去付给分包人或转包人的价款后的余额为营业额。

b.从事建筑、修缮、装饰工程作业，无论与对方如何结算，其营业额均应包括工程所用原材料及其他物资和动力价款。

c.从事安装工程作业，其设备价值作为安装工程产值的，设备价款计入营业额。

d.单位和个人自建建筑物销售，其自建行为的营业额，由主管税务机关确定。

④金融保险业务。

a.金融保险业务转贷业务，以贷款利息减去借款利息后的余额为营业额。

b.一般贷款业务，一律以利息收入全额为营业额。

c.外汇、有价证券和期货买卖业务，以卖出价减去买入价后的余额为营业额。

d.保险业实行分保的，初保业务以全部保费收入减去付给分保人的保费后的余额为营业额。

⑤文化体育业。

单位或个人进行演出，以全部收入减去付给提供演出场地的单位、演出公司或经纪人的费用后的余额为营业额。

⑥娱乐业。

娱乐业的营业额为经营娱乐业向顾客收取的各项费用，包括门票收费、台位费、点歌费、烟酒和饮料费及经营娱乐业的其他各项收费。

⑦其他。

a.单位将不动产无偿赠送他人，其营业额由主管税务机关确定。

b.对纳税人提供应税劳务，转让无形资产或者销售不动产价格明显偏低而无正当理由的，主管税务机关有权按下列顺序核定其营业额：

◎按纳税人当月提供的应税劳务或者销售同类不动产的平均价格核定。

◎按纳税人最近时期提供的同类应税劳务或销售同类不动产的平均价格核定。

按下列计算公式核定计税价格：

计税价格＝营业成本或工程成本×（1+成本利润率）÷（1−营业税税率）

## 2.主营业务应纳营业税的会计处理

1. 建筑业营业税的会计处理
2. 金融企业营业税的会计处理
3. 广告、娱乐业营业税的会计处理
4. 旅游、饮食服务业营业税的会计处理
5. 房地产开发企业应纳营业税的会计处理
6. 转让无形资产应纳营业税的会计处理
7. 销售不动产应纳营业税的会计处理
8. 减免营业税的会计处理

### （1）建筑业营业税的会计处理

①一般业务营业税的会计核算。

关于一般业务营业税的核算，具体如下：

借：营业税金及附加

　　贷：应交税费——应交营业税

值得注意的是，从事建筑安装和装饰装修业务的企业，无论与对方如何进行结算，其营业额都应包括工程所用原材料的价款。即便是对方提供原材料。但在工程结算收入中，材料成本不包含在内，可是在计税时，材料成本仍应该包含在营业额中。

②特殊业务营业税的会计核算。

这里说的特殊业务是指建筑业的分包或转包业务营业税的会计处理。具体如下：

借：银行存款

　　贷：主营业务收入（自己承包的部分）

贷：应付账款——应付分包款（分包转包部分）

借：营业税金及附加（自己承担的营业税）

贷：应付账款——应付分包款项（代扣代缴的营业税）

贷：应交税费——应交营业税

（2）金融企业营业税的会计处理

①自营贷款业务的营业税会计处理。

一般来说，自营贷款业务的营业税会计处理，具体如下：

借：营业税金及附加

贷：应交税费——应交营业税

值得注意的是，自营贷款主要包括一般贷款业务和转贷业务。其中，一般贷款业务主要是以利息收入全额为营业额计征营业税，但是，加息和罚息包含在利息收入全额里，关于转贷业务的特殊规定，这里就不做赘述。

②代扣代缴营业税的业务处理。

月末收到委托贷款利息时的会计处理：

借：银行存款

贷：应付账款——应付委托贷款利息

支付利息时，代扣营业税税额。

借：应付账款——应付委托贷款利息

贷：应交税费——应交营业税

贷：银行存款

值得注意的是，代扣代缴税款的计税依据是代收利息扣除手续费后的余额。

（3）广告、娱乐业营业税的会计处理

广告、娱乐业营业税的会计处理，具体如下：

借：营业税金及附加

　　贷：应交税费——应交营业税

值得注意的是，在娱乐业中，由于项目不同，其税率也会有所不同。另外，娱乐业中不同税率的应税项目，应该分别核算，而没有分别核算或者是划分不清的，则按高适用税率计算缴纳营业税。

（4）旅游、饮食服务业营业税的会计处理

旅游、饮食服务业营业税的会计处理，具体如下：

借：营业税金及附加

　　贷：应交税费——应交营业税

旅游业营业额的确定和餐饮业与娱乐业的兼营行为，这些都是需要特别注意的地方。

（5）房地产开发企业应纳营业税的会计处理

房地产开发企业自建自售的建筑物，其自建行为要按照建筑业3%的税率来计算营业税，而出售建筑物则需要按照5%的税率来计算营业税。值得注意的是自建、出售要分别计税，一并缴纳。关于房地产开发企业应纳营业税的会计处理，具体如下：

借：营业税税金及附加

　　贷：应交税费——应交营业税

（6）转让无形资产应纳营业税的会计处理

①转让无形资产使用权。

由于转让无形资产使用权的收入被记入其他业务收入中，所以，对应的营业税金就计入营业税金及附加。关于转让无形资产使用权的会计处理，具体如下：

借：营业税金及附加

　　贷：应交税费——应交营业税

②转让无形资产所有权。

由于转让无形资产所有权属于营业外收支的范畴，所以，在进行会计核算时，就应该将无形资产的转让损益计入营业外收支中，具体如下：

借：银行存款（总收入）

　　贷：无形资产（摊余价值）

　　贷：应交税费——应交营业税（应纳营业税）

　　贷：营业外收入（出售收益，如为损失则计入营业外支出）

### （7）销售不动产应纳营业税的会计处理

除房地产开发企业之外的企业销售不动产，是其非主营业务，不是商品出售，而是财产出售，如企业销售已作为固定资产的房屋建筑物。需要将其作为固定资产清理费用的组成部分，具体如下：

借：固定资产清理

　　贷：应交税费——应交营业税

### （8）减免营业税的会计处理

①直接减免营业税的核算。

企业对于法定直接减免的营业税，如果国家没有指定特定用途的，将不做会计处理；如果国家指定特定用途的，就必须在做出应交税金的会计处理后，再借记“应交税费”，贷记“实收资本、资本公积”等账户。

②即征即退营业税的核算。

如果企业实行即征即退营业税，其会计处理则与应交和上缴营业税方向相反，具体如下：

借：银行存款

　　贷：应交税费——应交营业税

借：应交税费——应交营业税

　　贷：营业税金及附加

③先征后退营业税的核算。

如果企业实行先征后退营业税，就要按照应退税款，借记“应收补贴款”，贷记“补贴收入”；当收到退税款时，借记“银行存款”，贷记“应收补贴款”。

以上就是营业税的计税会计处理，这些都需要纳税人了解并掌握。

# “营改增”涵盖的九大方面

无论是对于国家，还是对于企业，实行营改增有着非常重要的意义，它不但完善了国家流转税的税制，还能有效解决双重征税的问题。同时，营改增还能够破解混合销售、兼营不同税率和征收率的销售造成的征管困境。对于企业而言，“营改增”的出台影响了一些企业的税负，尤其是建筑业没有实行“营改增”，是因为会增加部分企业的流转税税负。所以，营改增后，有些行业的税率保持不变，而有些行业的税率则有所变化。因此，纳税人非常有必要了解营业税改征增值税的范围，只有这样才能按照企业所经营的项目正确缴纳税收，其具体如下：

### 1.陆路运输服务

陆路运输服务暂不包括铁路运输服务，其中，轨道交通运输服务是不属于铁路运输服务的。

### 2.水路运输服务

水路运输服务中的远洋运输的程租、期租业务适用11%税率，而光租业务属于有形动产经营性租赁服务，适用17%税率。另外，“港口码头服务”和“打捞救助服务”不包含在水路运输服务内，必须按照“物流辅助服务”来征收增值税，适用6%税率。

### 3.航空运输服务

航空运输服务中的干租业务属于有形动产经营性租赁服务，适用17%税率，而航空运输中的湿租业务属于航空运输服务，适用11%税率。

### 4.设计服务

对于设计服务，要注意它与电路设计、广告设计各自归属的应税项目是不同的。其中，电路设计属于“电路设计及测试服务”，而广告设计属于“广告服务”。

### 5.商标著作权转让服务

在“商标著作全装让服务”应税项目中，除包括“商标”和“著作权”转让外，还包括“商誉”转让服务。

### 6.货运客运场站服务

“货运客运场站服务”不包括铁路运输中的货运客运场站。

### 7.货物运输代理服务

在“货物运输代理服务”中，要注意的是“不直接提供货物运输劳务”要件，如果纳税人“直接提供货物运输劳务”，则不属于“货物运输代理服务”。另外，如果纳税人是提供货物运输代理服务的，所取得的货物运输代理服务收入，在开具增值税专用发票时，其“货物或应税劳务名称”则不能开具“运费”等运输服务收入的名称。

### 8.代理报关服务

对于报关服务，它只限于“代为报关手续”的业务活动。

### 9.咨询服务

“咨询服务”与技术咨询服务、软件资讯服务和知识产权咨询服务各自归属的应税项目是不同的。其中，技术咨询服务属于“研发和技术服务”，软件资讯服务属于“信息技术服务”，而知识产权咨询服务属于“文化创意服务”。

以上是营改增的范围，关于这些，大家只有了解并掌握，才能按照营改增范围的相关规定，正确纳税，也有利于合理避税。

# “营改增”的计税会计处理

2012年，营业税改征增值税开始全面实行，2013年，营业税征增值税继续扩大范围，直到“十二五”期末全部完成改革任务。可以说，营业税改征增值税是完善传统商品销售税的必然选择，它将为国家带来经济发展和财政税收体制两方面的变化。那么，在这种国情下，了解并掌握营业税改增值税的相关知识是非常有必要的，尤其是营业税改征增值税的计税会计处理，其具体内容如下：

### 1.“营改增”的计税方法

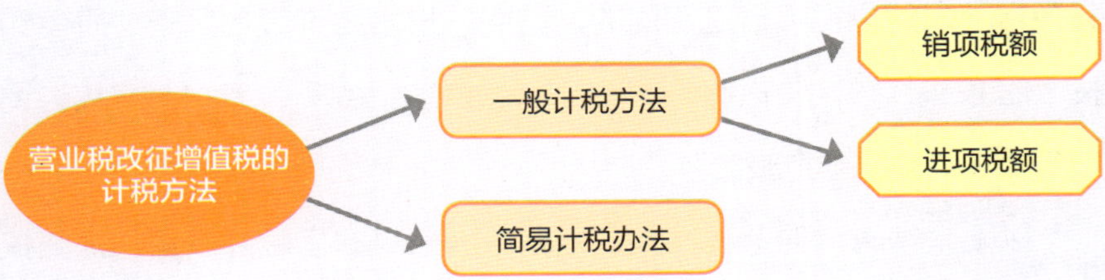


一般来说，应纳税额的计税方法主要有两种：一种是一般计税方法，另一种则是简易计税方法。“营改增”后，一般纳税人提供应税服务较为适用一般计税方法计税；小规模纳税人提供应税服务则较为适用简易计税方法计税。另外，如果境外单位或个人在境内提供应税服务，但在境内未设有经营机构的，扣缴义务人则需要按照下列计算公式进行扣缴税额：

应扣缴税额=接受方支付的价款÷（1+税率）×税率

下面具体介绍下营改增应纳税额的计税方法：

（1）一般计税方法

一般计税方法的应纳税额指的是当期销项税额抵扣当期进项税额后的余额，其具体计算公式如下：

应纳税额=当期销项税额−当期进项税额

值得注意的是，当期销项税额低于当期进项税额时，当期销项税额不足以抵扣，可以直接将其不足部分结转下期，还能继续抵扣。

可见，应纳税额与销项税额和进项税额有着非常密切的关系，关于销项税额和进项税额的计算，大家都必须要了解一下，具体如下：

①销项税额。

销项税额指的是纳税人提供应税服务，并按照销售额和增值税税率进行计算的增值税额，其具体的计算公式如下：

销项税额=销售额×税率

②进项税额。

进项税额指的是纳税人购进货物或接受加工修理修配劳务和应税服务，并支付或负担的增值税税额。一般来说，纳税人购进货物或接受加工修理修配劳务和应税服务是产生进项税额的行为。另外，只有增值税一般纳税人才涉及有关进项税额的抵扣问题，而进项税额是购买方或接收方支付或负担的增值额，这点，大家一定要注意。

（2）简易计税办法

简易计税方法的应纳税额指的是按照销售额和增值税征收率计算的增值税额，不得抵扣进项税额，其计算公式如下：

应纳税额=销售额×征收率

值得注意的是，这里的销售额是不含税的，其征收率为3%。在采取简易计税方法计算应纳税额时，不得抵扣进项税额。另外，如果是小规模纳税人，则一律采用简易计税方法计税，而简易征收一旦选择，36个月不允许变动，关于这一点，大家一定要牢记！

当纳税人结合销售额和应纳税额进行定价时，可以按下列公式来计算销售额：

销售额=含税销售额÷（1+征收率）

### 2.“营改增”的会计处理

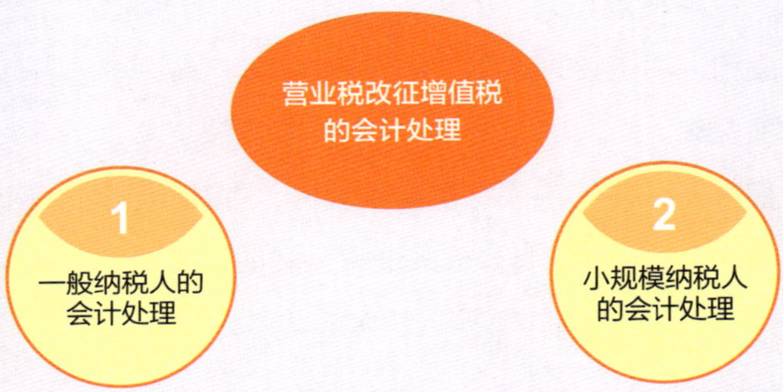


关于营业税改征增值税的会计处理，主要分为一般纳税人的会计处理和小规模纳税人的会计处理，具体如下：

#### （1）一般纳税人的会计处理

如果是一般纳税人提供应税服务，在试点期间，可以按照营业税改征增值税的相关规定，从销售额中扣除其支付给非试点纳税人的价款，这种行为是被允许的。另外，一般纳税人应该在“应交税费——应交增值税”科目下，增设“营改增抵减的销项税额”专栏，这主要是为了记录该企业因按规定扣减销售额而减少的销项税额；还有“主营业务收入”“主营业务成本”等相关科目，一般纳税人还必须要按照经营业务的种类进行明细核算，其具体的会计处理如下：

当企业接受应税服务时，会计处理如下：

借：应交税费——应交增值税（营改增抵减的销项税额）

借：主营业务成本

　　贷：银行存款-应付账款

如果企业只是期末一次性进行账务处理，其会计处理如下：

借：应交税费——应交增值税（营改增抵减的销项税额）

　　贷：主营业务成本等科目

（2）小规模纳税人的会计处理

如果是小规模纳税人提供应税服务，在试点期间，就必须要按照营业税改征增值税的相关规定，从销售额中扣除其支付给非试点纳税人价款，这种行为是允许的。另外，小规模纳税人还必须要按照规定扣减销售额而减少应交增值税，当然还应该直接记录“应交税费——应交增值税”科目。

当企业接受应税服务时，其会计处理如下：

借：应交税费——应交增值税

借：主营业务成本

　　贷：银行存款-应付账款

如果企业只是期末进行一次性账务处理，其会计处理如下：

借：应交税费——应交增值税

　　贷：主营业务成本等科目

实际上，“营改增”后，国家的税收征收管理体系就需要重新调整。那么，在新税制下，各行各业的企业都会受到不同程度的影响，不管是好的还是坏的，企业最关键的就是要了解营改增的范围，更重要的是营改增后的计税方法以及会计处理，只有掌握了这些，才能做到心中有数，不至于变成一本糊涂账，才更有利于做好税务会计管理。

# 规范操作：营业税纳税申报和缴纳

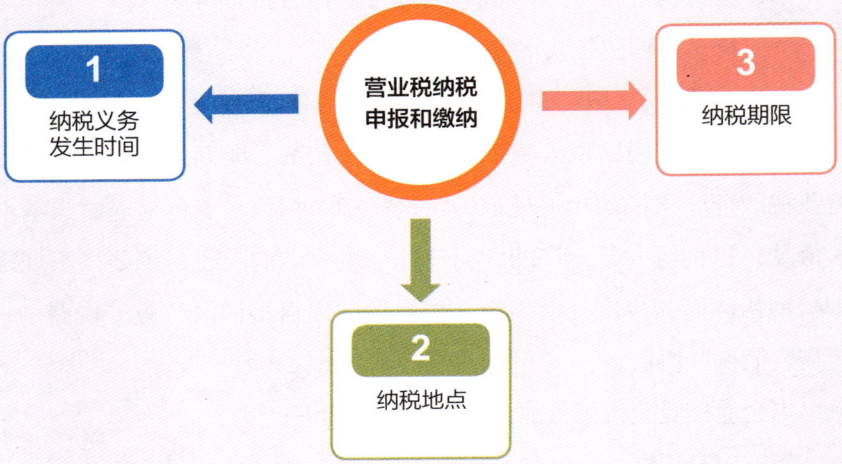


纳税人在进行营业税申报时，都会遇到很多问题，比如：错过了申报时间或不知道纳税地点等，这些问题的产生足以说明，纳税人对营业税纳税申报和缴纳的相关知识根本不了解，在这种情况下，纳税人自然无法顺利完成纳税申报和缴纳，那么，纳税人需要掌握的营业税纳税申报和缴纳的内容有哪些呢？

## 1.纳税义务发生时间

### （1）一般规定

关于营业税的纳税义务发生时间，不管纳税人是在收讫营业收入款项的当天，还是在取得索取营业收入款项的依据的当天，只要满足这两个条件中的一个，都表示纳税人的纳税义务即告发生。

（2）特殊规定

①在纳税人转让土地使用权或销售不动产时，可采用预收款的方式，而收到预收款的当天便是纳税义务发生时间。

②纳税人是自建建筑物后销售，其销售自建建筑物并收讫营业额或取得索取营业额的凭据的当天便是纳税义务发生时间。国家税务总局根据工程价款的结算方式还对建筑业的纳税义务发生时间做了如下规定：

a.实行合同完成一次性结算价款办法的工程项目，其营业税纳税义务发生时间为施工单位与发包单位进行工程合同价款结算的当天；

b.实行旬末或月中预支，月终结算，竣工后清算办法的工程项目，其营业税纳税义务发生时间为月份终了与发包单位进行已完工程价款结算的当天；

c.实行按工程形象进度划分不同阶段结算价款办法的工程项目，其营业税纳税义务发生时间为各月份终了与发包单位已完工程价款结算的当天。

d.实行其他结算方式的工程项目，其营业税纳税义务发生时间为与发包单位结算工程价款的当天。

e.纳税人自建建筑物后销售的，其自建行为的义务发生时间，为其销售自建建筑物并收讫营业收入款项或取得索取营业收入款项凭据的当天。

③根据金融业的业务特点，其营业税的纳税义务发生时间，可以

是在企业的各项贷款业务合同、协议签订生效之时，或者是在劳务已经提供，同时收讫价款或取得价款权利的凭证时。

④纳税人将不动产无偿赠予他人的，不动产所有权转移的当天便是纳税义务发生的时间。

2.纳税地点

（1）一般规定

①纳税人提供应税劳务，便可以在应税劳务发生地申报纳税，如果纳税人从事运输业务，则需要在其机构所在地申报纳税。

②在纳税人转让土地使用权时，其申报纳税地点是在土地所在地，而转让其他无形资产的纳税地点是在其机构所在地。

③在纳税人销售不动产时，其申报纳税地点是在不动产所在地。

（2）特殊规定

①如果纳税人提供的应税劳务发生在外县（市），其申报纳税地点是劳务发生地主管税务机关。而如果纳税人没有申报纳税，则需要其机构所在地或居住地主管税务机关补征税款。

②一般来说，交通运输业务纳税地点的特殊规定主要包括以下几点：

a.中央铁路运营业务的纳税地点是在北京。

b.中央地方合资铁路的纳税地点是在合资铁路公司所在地。

c.地方铁路公司纳税地点是在地方铁路机构所在地。

d.航空运输业务的营业税纳税地点是在作为纳税人的航空公司、航空分公司、民航地区管理局、飞机场和航站所在地。

e.内航运输业的营业税纳税地点是在纳税人机构所在地。

f.公路运输业纳税地点是在纳税人机构所在地。

g.装卸搬运业纳税地点是在纳税人机构所在地。

③金融保险业纳税地点的特殊规定，其主要包括以下几点：

a.中国人民银行、中国建设银行、中国工商银行、中国银行、中国投资银行、国家开发银行、中国农业发展银行、中国进出口银行（以下简称各银行）总行自身直接经营业务应纳的营业税，由各银行总行向国家税务总局缴纳。

b.上述各银行系统总行以下单位，以及其他银行和非银行金融机构自身直接经营业务应纳的营业税，由取得业务收入的核算单位在当地缴纳。

c.金融机构和非金融机构委托贷款应纳的营业税，由受托方代扣并向受托方机构所在地税务机关申报缴纳。

d.非金融机构自身直接发生经营业务应纳的营业税，在其机构所在地缴纳。

e.中国人民保险公司总公司自身直接经营业务应纳营业税，主要是由保险总公司向国家税务总局缴纳。

f.中国人民保险总公司下属单位，以及其他保险公司自身经营保险业务应纳的营业税，主要是由取得业务收入的核算单位在当地进行缴纳。

g.境外保险机构在我国境内承担保险业务的，其纳税地点主要根据企业的实际情况而定。如果企业在境内设有代理部门或委托机构代办，那么，其纳税地点是在代理部门或代办机构所在地；如果企业在境内没有设代理部门，其纳税地点是在境内投保人所在地。

3.纳税期限

通常，营业税纳税期限主要是由主管税务机关按照纳税人应纳税额的大小而规定其时间的，其核定的期限有5日、10日、半个月或1个月，如果纳税人不能如期纳税就要按次纳税，其具体如下：

①如果纳税人是以5日、10日或15日为一期的，自期满后的5日内，便可预缴税款，而在次月1日起10日内，纳税人就可以申报纳税，并结算上月应纳税款。

②如果纳税人是以1个月为一期的，自期满后的10日内，便可申报缴纳。

营业税扣缴义务人解缴税款的期限可以参考以上相关规定来执行，其中，金融业的纳税期限是一个季度，典当业不包含在内，而保险业的纳税期限是一个月。

总之，只有纳税人了解并掌握了营业税的纳税申报和缴纳的相关内容，才能在纳税申报和缴纳过程中，顺利完成纳税工作。更重要的是，还能有效避免由于不懂如何申报和缴纳，导致申报和缴纳的拖延。

# 营业税的税收优惠

在激烈的市场竞争中，国家推行的营业税优惠政策，让绝大多数的民营企业看到了一丝希望，享受到了最实在的优惠。在一定程度上，营业税优惠政策能够有效解决民营企业生产经营困难、融资困难和税费负担太重等问题。所以，为了提高认识，树立正确的服务观念，我们必须要掌握相关的营业税税收优惠知识，才能更好地执行相关政策，确保优惠政策落实到位。

## 1.法定项目免税

根据税法相关规定，下列项目实行免征营业税，具体如下：

①托儿所、幼儿园、养老院、残疾人福利机构提供的育养服务，或者是婚姻介绍和殡葬服务，均可免征营业税；

②残疾人员个人提供的劳务，可免税；

③医院、诊所和其他医疗机构提供的医疗服务，可免税；

④学校和其他教育机构提供的教育劳务，或者学生勤工俭学提供的劳务，均可免征营业税；

⑤农业机耕、排灌、病虫害防治、植物保护、农牧保险及相关技术培训业务，或者家禽、牲畜、水生动物的配种和疾病防治，均可免征营业税；

⑥纪念馆、博物馆、文化馆、文物保护单位管理机构、美术馆、

展览馆、书画院、图书馆举办文化活动的门票收入，或者宗教场所举办文化、宗教活动的门票收入，均可免征营业税；

⑦境内保险机构为出口货物提供的保险产品，可免征营业税。

2.不征税项目

只要符合以下几种情况的项目，均可享受不征增值税的优惠政策，具体如下：

①货物期货不缴纳营业税；

②保险业务费收入、个人投资分红保险业务、特区外资金融保险收入、人民银行贷款、技术转让收入、转让著作权收入、个人住房贷款收入、车辆通行费、中小企业信用担保业务收入等，这些都不征收营业税；

③农业生产收入、民政福利企业、体育彩票收入、储备粮油收入、电影发行收入、雇员服务性收入、船检服务收入、福利募捐发行收入、国债转贷利息收入、外国企业和外籍个人技术转让收入、医疗卫生服务收入等，均不征收营业税；

④资产需要处置重置，可不征营业税；

⑤金融机构往来业务，暂时不征营业税；

⑥互联网服务或信息技术咨询，不征营业税；

⑦个人无偿赠与不动产，不征营业税。

3.减税项目

根据国家税法的相关规定，只要符合以下几种情况的，均可享受减征增值税的优惠政策，具体如下：

①自2003年1月1日起，金融保险营业税实行减征营业税的政策，按照5%的税率征收，其中不包括农村信用社；

②自2001年1月1日起，个人按照市场价格出售居民住房，其缴纳的营业税享受减征政策，暂时按照3%的税率征收营业税；

③除广告业、娱乐业外，从事动漫的中小企业自主开发、生产动漫产品设计营业税应税劳务的，暂时享受营业税减征政策，按照3%的税率进行征收；

④除广告业外，中小企业为安置残疾人提供“服务业”税目，其所取得的收入占增值税业务和营业税业务收入之和50%的，按照企业实际安置残疾人的人数，实行限额减征营业税。这里的企业主要包括福利企业、盲人按摩机构、工疗机构和其他单位等。

实际上，国家出台营业税的优惠政策，对推动经济发展、促进市场繁荣起着非常重要的作用。营业税的优惠政策不但简化了办税程序，还方便了纳税人，促使企业优化服务，并努力为大家营造一个良好的税收环境。我们了解并掌握营业税税收优惠的相关内容，不但能够享受相应的税收补贴政策，而且在进行有关税收的工作时，还能及时发现问题，并制定改进措施，将营业税税收政策真正落到实处。

# 第五章
# 所得税的会计处理

个人所得税和企业所得税是国家参与企业利润分配的一种手段，也是国家财政收入的主要来源之一，是中国税收体系中的主体税。对于个人和企业，肯定少不了与这两个税种打交道，也有必要知道与之相关的一些会计处理方法。

# 所得税的概念及特点

伴随着社会市场经济的飞快发展，个人所得税和企业所得税作为我们税收体系中的主体税，在社会经济生活中的影响与日俱增。作为纳税人，无论是个人还是企业，都必须要依法纳税，这就要求纳税人对个人所得税或企业所得税的基本概念和特点有个大致的了解，其概念及特点具体如下：

### 1.个人所得税的概念和特点

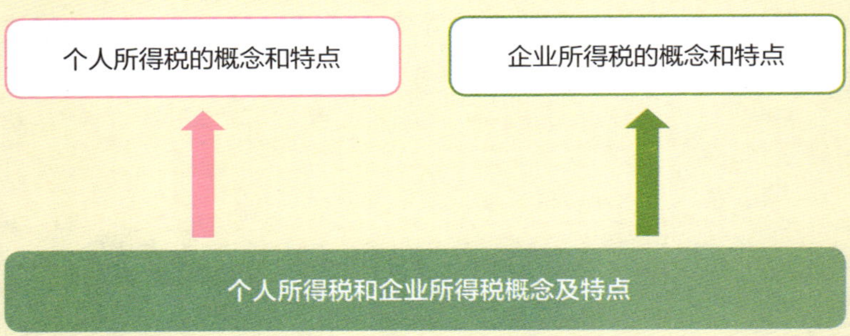


#### （1）个人所得税的概念

个人所得税指的是以个人或自然人取得的各项应纳税所得作为征税对象的一种税。

个人所得税的纳税义务人包括居民和非居民纳税义务人，而两者间的区别主要是按照住所和居住时间标准来判定的。其中，居民纳税义务人具有完全纳税的义务，必须根据来自中国境内和境外的全部所得缴纳个人所得税，而非仅仅依据来自中国境内的所得缴纳个人所得税。

（2）个人所得税的特点

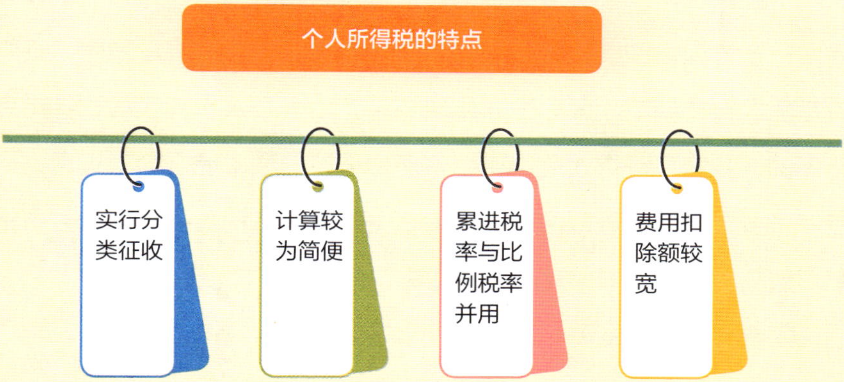


个人所得税是世界各国普遍征收的一个税种，我国的个人所得税主要有以下几个特点：

①实行分类征收。

我国现行个人所得税主要采用的是分类所得税制，即将个人取得的各种所得划分为11类，分别适用不同的费用减除规定、不同的税率和不同的计税方法。实行分类课征制度，不但可以将源泉扣缴办法广泛使用，还可以简化纳税手续；同时，还能对不同所得采用不同的征税方法，能够充分体现出国家的优惠政策。

②计算较为简便。

我国个人所得税的费用扣除主要采取的是总额扣除法，不用逐项计算个人实际生活费用支出。实行分类计算各种所得项目，费用扣除的相关规定比较明确，费用扣除项目及方法比较容易掌握，计算也很简单，完全符合税制简便的原则。

③累进税率与比例税率并用。

一般来说，分类所得税制主要采用的是比例税率，其特点是计算简便，实行源泉扣缴，而综合所得税制主要采用的是累进税率，其特点是能够合理调节收入分配，体现公平。由于个人所得性质和特点各有不同，我国现行个人所得税会将两种形式的税率综合起来运用：一般对工资薪金所得等采用累进税率，主要实行量能负担；而对劳务报酬和稿酬等其他所得，采用比例税率，主要实行等比负担。‘

④费用扣除额较宽。

我国费用扣除遵守的是从宽和从简的原则。主要可采用的方法有两种：一种是费用定额扣除，另一种则是定率扣除，而各项所得都是按照一定的标准来减除费用。此外，对于绝大多数的工资薪金所得，都是免税的或只征很少的税款，这使一些提供一般劳务、取得中低劳务报酬所得的个人不用负担个人所得税。

### 2.企业所得税的概念和特点

#### （1）企业所得税的概念

企业所得税指的是国家对境内企业生产、经营所得和其他所得依法征收的一种税，它是国家参与企业利润分配的重要手段。纳税义务人必须是在中国境内实行独立经济核算的企业或组织，主要包括：国有企业、集体企业、私营企业、联营企业、股份制企业和有生产经营所得和其他所得的其他组织等。

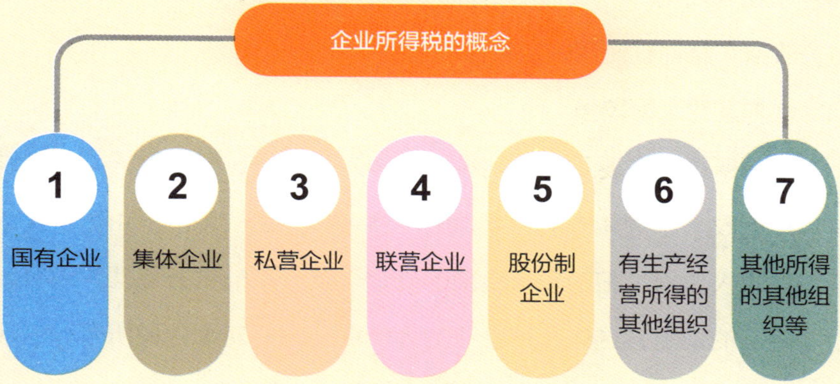


（2）企业所得税的特点

一般来说，企业所得税具有以下几个特点：

①征税范围比较广。

企业所得税的征税范围是企业和其他取得收入的组织，而征税对象就是企业生产经营所得和其他所得。其中，企业生产经营所得指的是从事产品生产、商品流通、交通运输、商品流通、劳务服务和其他营利事业等所得；而其他所得指的是利息、股息、红利、租金、转让资产收益和特许权使用费等所得。

②税基约束力较强。

企业所得税主要是以应纳税所得额为税基的，即纳税人将每个纳税年度的收入总额减去准予扣除的项目金额之后的金额。由于企业所得税对收入总额、扣除项目金额的确定以及资产的税务处理等内容做出了明确的规定，这样，在企业的会计核算中，对于应税所得额的计算相对比较独立，能够充分体现出税法的强制性与统一性。

③税负较为公平。

对于企业来说，企业所得税是不分所有制、地区和行业层次的，而是实行统一的比例税率。对于企业的经营净收益及经营所得的征收，企业所得税主要是按照多得多征，少得少征，不得不征的原则。

④纳税人与负税人相一致。

一般来说，企业所得税属于企业的终端税种，那么，纳税人所缴纳的所得税是不容易转嫁给他人的，需要自己负担纳税，具有纳税人与负税人相一致的特点。

⑤按年计算，分期预交。

企业所得税的征收是根据全年的应纳税所得额来计税的，其征收办法主要有按年计算、分月或分季预缴和年终汇算清缴这几种方式。对于经营时间不满1年的企业，则需要将实际经营期间的所得额换算成1年的所得额来计算缴纳所得税。

总之，只有纳税人了解并掌握个人所得税或企业所得税的概念和特点，才能明白个人所得税或企业所得税是如何计算的，其征收范围有哪些。这样，纳税人在进行纳税时，才知道采用何种方法进行计税及会计处理，以便能够更好地按照税法相关规定进行纳税。

# 个人所得税的计税会计处理

个人所得税不但能够调解国家收入分配，体现社会公平，增加国家的财政收入，还能增强纳税人的纳税意识。作为纳税人，了解并掌握个人所得税的计税会计处理的相关知识是非常有必要的，因为只有将应缴税额做到心中有数，才能更好地按照税法相关规定缴纳个人所得税，具体如下：

## 1.个人所得税的计税方法

一般来说，个人所得税的计税方法有以下几种：

### （1）工资、薪金所得的计税方法

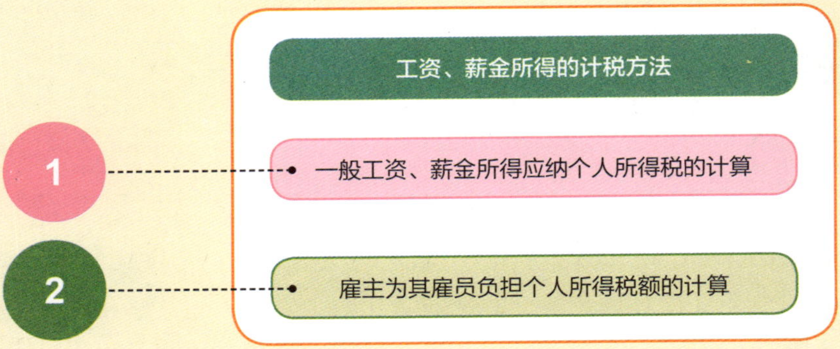


工资、薪金所得实行按月计征，在不同情况下，其应纳税额的计算方法也不同，具体如下：

①一般工资、薪金所得应纳个人所得税的计算。

工资、薪金所得使用九级超额累进税率，按每月收入定额扣除一定数额后，其余额便是应纳税所得额。按照使用税率来计算应纳税额，其计算公式如下：

应纳税额=应纳所得额×适用税率−速算扣除数

②雇主为其雇员负担个人所得税额的计算。

a.当雇主为其雇员负担全额税款时，应该将雇员取得的不含税收入换算成应纳税所得额，再对个人或单位应该代付的税款进行计算，其计算公式如下：

应纳税所得额=（不含税收入额−费用扣除标准−速算扣除数）÷（1−税率）

应纳税额=应纳税所得额×适用税率−速算扣除数

b.当雇主为其雇员负担部分税款时，则又可以分成定额负担部分税款和定律负担部分税款这两种，具体如下：

◎当雇主为其雇员定额负担部分税款时，应该将雇员取得的工资、薪金所得换算成应纳税所得额，再对单位应该代扣代缴的税款进行计算，其计算公式如下：

应纳税所得额=雇员取得的工资+雇主代雇员负担的税款−费用扣除标准

应纳税额=应纳税所得额×适用税率−速算扣除数

◎当雇主为其雇员定率负担部分税款时，指的是雇主为雇员负担一定比例额的工资应该缴纳的税款，那么，其计算公式如下：

应纳税所得额=（未含雇主负担的税款的收入额−费用扣除标准−速算扣除数×负担比例）÷（1−税率×负担比例）

应纳税额=应纳税所得额×适用税率-速算扣除数

③个人一次性取得数月奖金应纳个人所得税的计算。

a.如果个人一次性取得数月奖金、年终加薪或劳动分红，那么，可以将其单独作为一个月的工资和薪金所得，不用从中再减出费用，而是将一次取得的奖金总额作为应纳税所得额，按照相关规定的税率来计算纳税。

b.适用税率：先将雇员当月内取得的全年一次性奖金，除以12个月，按其商数确定适用税率和速算扣除数。如果在发放年终一次性奖金的当月，雇员当月工资薪金所得低于税法规定的费用扣除额，应将全年一次性奖金减除“雇员当月工资薪金所得与费用扣除额的差额”后的余额，按上述办法确定全年一次性奖金的适用税率和速算扣除数。这是政策调整的关键点。

### （2）个体工商户的生产经营所得的计税方法

对于实行查账征收的个体工商户，其生产经营所得的应纳税所得额是每一纳税年度的收入总额，将成本费用以及损失扣除后的余额，其计算公式如下：

应纳税所得额=收入总额-（成本+费用+损失+准予扣除的税金）

应纳税额=应纳税所得额×使用税率-速算扣除数

### （3）对企事业单位的承包经营和承租经营所得的计税方法

企业事业单位的承包经营和承租经营所得是将每一纳税年度的收入总额减去必要费用后，其余额便是应纳税所得额，其计算公式如下：

应纳税所得额=个人承包、承租经营收入总额-必要费用

那么，应纳税额的计算方法，具体如下：

应纳税额=应纳所得额×适用税率-速算扣除数

（4）劳务报酬所得的计税方法

一般来说，劳务报酬所得比较实用的比例税率是20%，根据个人每次取得的收入，定额或者定律减除规定费用，其余额便是应纳税所得额。那么，其应纳税额的计算公式如下：

应纳税额=应纳所得额×适用税率

值得注意的是，如果纳税人每次应纳税劳务报酬所得的应纳税所得额超过2万元，就应该实行加成征税，其计算公式如下：

应纳税额=应纳所得额×适用税率-速算扣除数

2.个人所得税的会计处理

一般来说，个人所得税的会计处理如下：

（1）工资、薪金所得应纳个人所得税的会计处理

工资、薪金所得应纳个人所得税的会计处理

**代扣时，具体如下**

借：应付职工薪酬
　　贷：应交税费——应交个人所得税

**上交代扣的个人所得税时，其会计分录如下**

借：应交税费——应交个人所得税
　　贷：银行存款

实际上，支付工资、薪金所得的单位扣缴的工资、薪金所得应纳

的个人所得税税款，只是个人工资、薪金所得的一部分，其会计分录如下：

①代扣时，具体如下：

借：应付职工薪酬

　　贷：应交税费——应交个人所得税

②上交代扣的个人所得税时，其会计分录如下：

借：应交税费——应交个人所得税

　　贷：银行存款

（2）对企事业单位的承包经营、承租经营所得税的会计处理

关于企事业单位的承包经营、承租经营取得的所得，如果是由支付所得的单位代扣代缴的，那么，其会计处理如下：

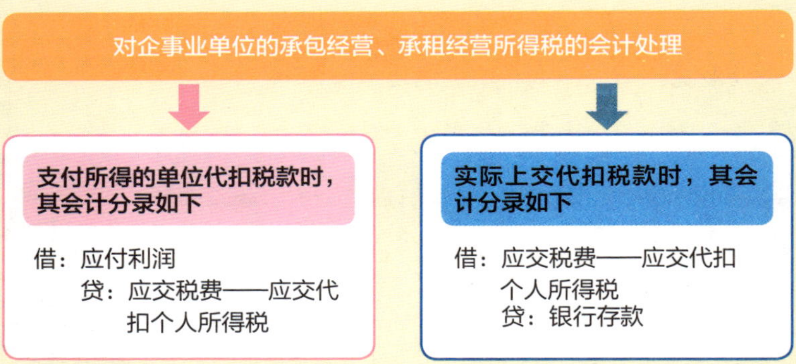


①支付所得的单位代扣税款时，其会计分录如下：

借：应付利润

　　贷：应交税费——应交代扣个人所得税

②实际上交代扣税款时，其会计分录如下：

借：应交税费——应交代扣个人所得税

　　贷：银行存款

（3）个体工商户生产经营所得应纳所得税的会计处理

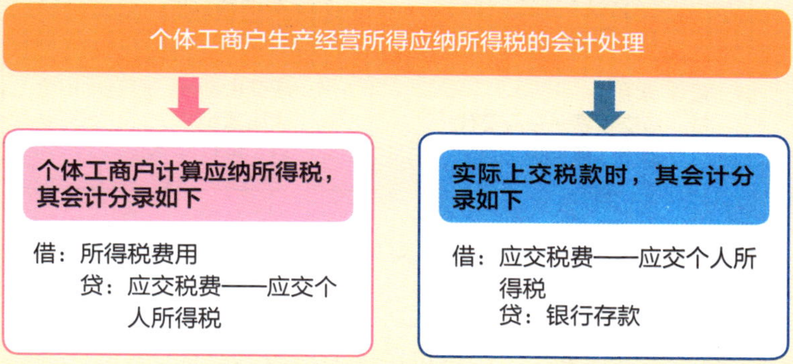


一般来说，个体工商户取得生产经营所得必须要按照税法相关规定来计算应纳所得税，其会计分录如下：

借：所得税费用

　　贷：应交税费——应交个人所得税

实际上交税款时，其会计分录如下：

借：应交税费——应交个人所得税

　　贷：银行存款

（4）其他项目个人所得税的会计处理

除了以上三种应纳所得税的会计处理外，还有其他项目个人所得税的会计处理，具体如下：

①企业支付劳务报酬所得。

企业支付劳务报酬所得

**计算应代扣的个人所得税、支付劳务报酬时，其会计分录如下**

借：管理费用等
　　贷：应交税费——应交代扣个人所得税现金

**实际交纳税款时，其会计分录如下**

借：应交税费——应交代扣个人所得税
　　贷：银行存款

a.计算应代扣的个人所得税、支付劳务报酬时，其会计分录如下：

借：管理费用等

　　贷：应交税费——应交代扣个人所得税现金

b.实际交纳税款时，其会计分录如下：

借：应交税费——应交代扣个人所得税

　　贷：银行存款

②企业购入无形资产。

企业购入无形资产

**计算应代扣的个人所得税、支付价款时，其会计分录如下**

借：无形资产
　　贷：应交税费——应交代扣个人所得税
　　贷：库存现金

**实际交纳税款时，其会计分录如下**

借：应交税费——应交代扣个人所得税
　　贷：银行存款

a.计算应代扣的个人所得税、支付价款时，其会计分录如下：

借：无形资产

　　贷：应交税费——应交代扣个人所得税

　　贷：库存现金

b.实际交纳税款时，其会计分录如下：

借：应交税费——应交代扣个人所得税

　　贷：银行存款

③企业向个人分配股息和利润。

a.计算应代扣的个人所得税、支付股息、利润时，其会计分录如下：

借：应付利润

　　贷：应交税费——应交代扣个人所得税

　　贷：库存现金

b.实际缴纳税款时，其会计分录如下：

借：应交税费——应交代扣个人所得税

　　贷：银行存款

④企业支付稿酬所得。

**企业支付稿酬所得**

**计算应代扣的个人所得税、支付稿酬时，其会计分录如下**

借：其他应付款

　　贷：应交税费——应交代扣个人所得税

　　贷：库存现金

**实际交纳税款时，其会计分录如下**

借：应交税费——应交代扣个人所得税

　　贷：银行存款

a.计算应代扣的个人所得税、支付稿酬时，其会计分录如下：

借：其他应付款

贷：应交税费——应交代扣个人所得税

贷：库存现金

b.实际交纳税款时，其会计分录如下：

借：应交税费——应交代扣个人所得税

贷：银行存款

以上就是个人所得税的计税会计处理。作为纳税人，只有真正掌握了这些，才能清楚在自己劳动所得中，需要缴纳的税额有多少，才能做到心中有数，并按照税法相关规定缴纳个人所得税。

# 企业所得税的计税会计处理

企业所得税是企业对国家承担社会义务的体现，同时也是国家对企业的管理地位的体现，它主要是以应纳税所得额作为计税依据。然而，由于在计量所得税所用的标准、范围和方法等方面，税法与会计制度和会计准则存在很大的差异，这就导致会计利润和应纳所得税额的不一致。但是，企业必须要遵守会计制度和会计准则，还要按照税法相关规定而采用相应的方法纳税，这样，就必须对税法规定及账务处理的不同之处进行调整。故而，掌握企业所得税的计税会计处理是非常有必要的，其具体如下：

## 1.企业所得税的计税

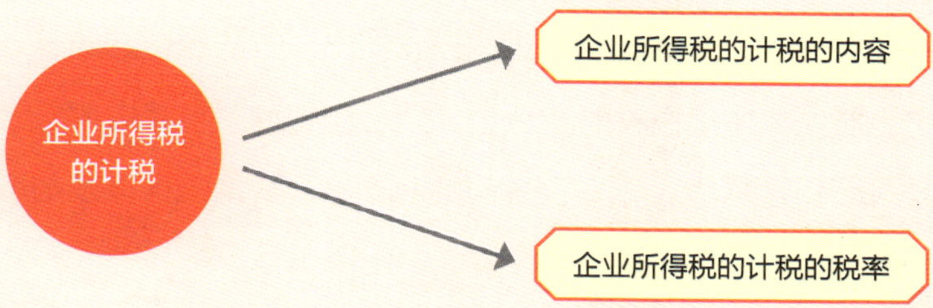

（1）企业所得税的计税的内容

实际上，企业所得税是以应纳税所得额为计税依据的，而收入总额与纳税所得额有着非常紧密的联系，主要包括生产经营收入、财产转让收入、利息收入、租赁收入、特许使用费收入、股息收入及其他收入。在计算应纳税所得额时，准予扣除的项目有成本、费用、税金和损失。

在确定纳税人的扣除项目时，需要注意两个问题：

①企业在纳税年度内应计未计扣除项目，其主要包括各类应计未计费用和应提未提折旧等，则不得转到以后年度补扣。

②当纳税人的财务会计处理与税收规定不一致时，必须要按照税收规定进行调整，并按照税收规定允许扣除的金额，准予扣除。其计算公式如下：

应纳税所得额=年收入总额-准予扣除的项目

应纳税额=应纳税所得额×税率

另外，按照税法规定的范围，准予扣除的项目有：利息支出、计税工资、职工工会经费、职工福利费、教育费、捐赠、业务招待费、保险基金、保险费用、租赁费和准备金等。而不得扣除的项目主要有：资本性支出、无形资产转让、开发支出、违法经营的罚款、被没收财物的损失、各项税收的滞纳金、罚金和罚款、自然灾害或者意外事故受到损失有赔偿的部分、各种赞助支出、贷款担保以及与取得收入无关的其他各项支出等。

除此之外，还有下面三种的关于税额扣除和亏损弥补的计税：

①如果纳税人是来自中国境外的所得，已在境外缴纳的所得税款，允许在汇总纳税时，从其应纳税额中扣除，但扣除额是不能超过其境外所得按照我国税法计算的应纳税额。

②纳税人从联营企业分回的税后利润，如果联营企业所得税税率低于投资方企业所得税税率，那么，投资方企业分回的税后利润必须要按照税法相关规定补缴所得税；如果联营企业高于投资方企业所得税税率，则不退还已交所得税。

③当纳税人发生年度亏损时，可以将下一纳税年度的所得用于弥补亏损，如果下一纳税年度的所得不足以弥补，那么，纳税人是可以逐年延续弥补的，但延续弥补期最长不得超过5年。

（2）企业所得税计税的税率

2008年1月1日起至今，现行税制中的企业所得税基本税率已经调整为25%；非居民企业适用税率20%；符合条件的小型微利企业适用税率20%；国家需要重点扶持的高新技术企业适用税率15%。

符合条件的小型微利企业的具体条件为：

①工业，所得额30万，人数100人，资产总额3000万。

②其他，所得额30万，人数80人，资产总额1000万。

符合国家需要重点扶持的高新技术企业要拥有核心自主知识产权，并同时符合下列条件：

①产品（服务）属于《国家重点支持的高新技术领域》规定的范围；

②研究开发费用占销售收入的比例不低于规定比例；

③高新技术产品（服务）收入占企业总收入的比例不低于规定比例；

④科技人员占企业职工总数的比例不低于规定比例；

⑤高新技术企业认定管理办法规定的其他条件。

企业所得税应纳税所得额总体计算公式为：

企业所得税应纳税所得额=收入总额-不征税收入-免税收入-抵扣项目-允许弥补的以前年度的亏损

应纳税额=应纳税所得额×适用税率-减免税额-抵免税额

### 2.企业所得税的会计处理

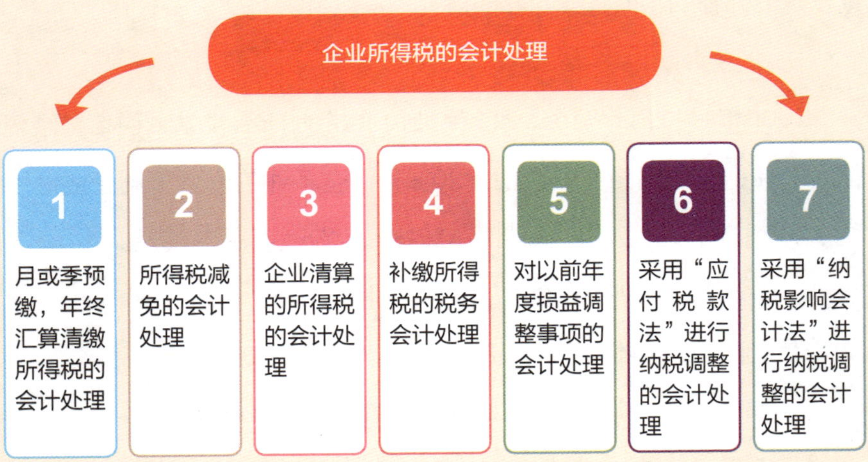


一般来说，企业所得税的会计处理，具体如下：

#### （1）月或季预缴，年终汇算清缴所得税的会计处理

按照《中华人民共和国企业所得税暂行条例》的相关规定，企业所得税可以按年计算，分月或分季预缴，根据不同的情况，其会计处

理也会不同，具体如下：

①按月或季计算应预缴所得税额和缴纳所得税时，其会计处理如下：

借：所得税

　　贷：应交税金——应交企业所得税

借：应交税金——应交企业所得税

　　贷：银行存款

②缴纳年终汇算清应缴税款时，其会计处理如下：

借：应交税金——应交企业所得税

　　贷：银行存款

③年终按自报应纳税所得额进行年度汇算清缴时，其会计处理如下：

借：所得税

　　贷：应交税金——应交企业所得税

④年度汇算清缴。先将全年应纳所得税额计算出来，如果其低于已预缴税额，它们之间的差额就是企业多缴所得税额，在没有将多缴税款退还时，其会计处理如下：

借：其他应收款——应收多缴所得税款

　　贷：所得税

a.当税务机关审核并批准退还多缴税款时，其会计处理如下：

借：银行存款

　　贷：其他应收款——应收多缴所得税款

b.对于多缴所得税额，如果不办理退税，可以将其抵缴下年度预缴所得税，其会计处理如下：

借：所得税

贷：其他应收款——应收多缴所得税款

⑤根据税法的有关规定，通过税务机关审核并批准，乡镇企业是可以在应缴纳所得税额中扣除10%作为补助社会性支出的，当计提“补助社会性支出”时，会计处理如下：

借：应交税金——应交企业所得税

贷：其他应交款——补助社会性支出

（2）所得税减免的会计处理

一般来说，企业所得税的减免主要包括法定减免和政策性减免。其中，法定减免的税款是不需要计算应纳税款的，直接结转本年利润，不用做任何的税务会计处理；而政策性减免的税款可以实行先征后退，在计缴所得税时，可以先按照上述有关会计进行处理。另外，得到税务机关减免税批复后，就可以申请办理退税。当收到退税款时，其会计处理如下：

借：银行存款

贷：企业所得税

（3）企业清算的所得税的会计处理

按照税法有关规定，纳税人应该依法进行清算，其清算所得应该按规定缴纳企业所得税，下面根据不同的情况进行会计处理：

①对清算所得计算应缴所得税和缴纳税时，会计处理如下：

借：所得税

贷：应交税金——应交企业所得税

借：应交税金——应交企业所得税

　　贷：银行存款

②将所得税结转清算所得时，会计处理如下：

借：清算所得

　　贷：所得税

（4）补缴所得税的税务会计处理

按照税法规定，对于企业对外投资收益和从联营企业分回的税后利润，如果投资方企业所得税税率高于被投资企业或联营企业，那么，投资方企业分回的税后利润就应该按相关规定补缴所得税，其会计处理如下：

①根据企业所得的相关政策规定，先对投资收益或应分得联营企业税后利润进行确定，然后再计算出投资收益或联营企业分回的税后利润和应补缴的企业所得税额，在计税和缴纳时，其会计处理如下：

借：所得税

　　贷：应交税金——应交企业所得税

借：应交税金——应交企业所得税

　　贷：银行存款

②在完成上述会计处理后，就可以将“所得税”借方余额结转到“本年利润”，其会计处理如下：

借：本年利润

　　贷：所得税

（5）对以前年度损益调整事项的会计处理

如果本年度发现上年度所得税计算有误，可以通过损益科目“以前年度损益调整”进行会计处理。根据税法规定，在纳税年度内，纳税人应计未计和应提未提的扣除项目，在规定的纳税申报期后发现的，不得转到以后年度补扣。但多计多提费用和支出可以适当调整一下，其会计处理如下：

①如果企业发现上年度多计多提费用和少计收益时，其会计处理如下：

借：利润分配——未分配利润

  贷：以前年度损益调整

②如果本年没有进行结账，其会计处理如下：

借：以前年度损益调整

  贷：本年利润

（6）采用“应付税款法”进行纳税调整的会计处理

“应付税款法”是所得税会计处理的两种方法之一，对其产生的纳税差异的会计处理如下：

①对永久性差异的纳税调整的会计处理。

永久性差异是指按照税法规定的不能计入损益的项目在会计上计入损益，从而导致了会计利润与按税法计算的应纳税所得额不一致而产生的差异。

在按照调增后的永久性差异的所得额计算出应缴所得税时，其会计分录为：

借：所得税

  贷：应交税金——应交企业所得税

当期末结转企业所得税时：

借：本年利润

　　贷：所得税

②对时间性差异的纳税调整的会计处理。

时间性差异是指在会计上由于收入项目或支出项目计入损益的时间和税法规定不一致所形成的差异。

按当期应调整的时间性差异的所得额，计算出应缴所得税时，其会计分录为：

借：所得税

　　贷：应交税金——应交企业所得税

期末结转企业所得税时，其会计分录为：

借：本年利润

　　贷：所得税

（7）采用“纳税影响会计法”进行纳税调整的会计处理

“纳税影响会计法”和“应付税款法”具有同等重要的作用，都是所得税会计处理的方法之一，对其产生的纳税差异的会计处理如下：

①对永久性差异纳税调整的会计处理。按照调增的永久性差异的所得额计算出应缴纳所得税时，其会计分录为：

借：所得税

　　贷：应交税金——应交所得税

当期末结转所得税时，其会计分录为：

借：本年利润

贷：所得税

②对时间性差异纳税调整的会计处理。将调增的时间性差异的所得额加上未调整前的利润总额计算出应缴纳的所得税与未调整前的利润总额计算出的所得税对比，将本期的差异额在"递延税款"科目中分期递延和分配。当发生相反方向影响时，再进行相反方向的转销，直到递延税款全部递延和转销完毕。当调增的时间性差异的所得额加上未调整前利润总额计算出应缴所得税大于未调整前的利润总额计算出的所得税时，其会计分录为：

借：所得税

借：递延税款

贷：应交税金——应交企业所得税

反之，其会计分录为：

借：所得税

贷：应交税金——应交企业所得税

贷：递延税款

当期末结转所得税时：其会计分录为：

借：本年利润

贷：所得税

以上是企业所得税的会计处理，其涉及的方面比较广，它直接关系到了企业最终盈利的多少，只有正确核算和筹划企业所得税，才能为企业产生更大的增值效益。

# 规范操作：所得税的纳税申报和缴纳

在进行所得税申报缴纳过程中，如果纳税人对其纳税申报和缴纳的相关知识不了解，就无法在税法规定的申报缴纳期限内顺便地完成纳税申报工作。那么，为了有效避免这种情况的发生，无论是个人还是企业，有必要掌握下面的纳税申报和缴纳的相关内容。

## 1.个人所得税纳税申报和缴纳

按照税法相关规定，个人所得税纳税申报和缴纳的相关内容，具体如下：

### （1）纳税地点

①个人所得税自行申报的，其申报地点一般应为收入来源地的主管税务机关。

②纳税人从两处或两处以上取得工资、薪金的，可选择并固定在其中一地税务机关申报纳税。

③从境外取得所得的，应向其境内户籍所在地或经营居住地税务机关申报纳税。

④扣缴义务人应向其主管税务机关进行纳税申报。

⑤个人独资企业和合伙企业的纳税地点是投资者应向企业实际经营管理所在地主管税务机关申报缴纳个人所得税；如果投资者兴办两个或两个以上企业的，应分别向企业实际经营地的主管税务机关预缴

税款。

（2）纳税期限

①从中国境内两处或两处以上取得工资、薪金，自行纳税期限是自取得所得的次月7日内。

②个体工商户生产经营所得，如果纳税人的账册比较健全，其纳税期限主要是以年计算、分月预缴，并在次月7日内申报预缴，年终后3个月内汇算清缴，多退少补；如果纳税人的账册不健全，其纳税期限主要是由税务机关确定征收方式。

③承包经营、承租经营所得，如果纳税人是年终一次性取得承包经营、承租经营所得的，自取得之日起30日内申报纳税；如果纳税人是1年内分次取得承包经营、承租经营所得的，则应该在每次取得所得后7日内预缴税款，年终后3个月汇算清缴，多退少补。

④从中国境外取得所得的居民纳税人，或者是年所得12万元以上的纳税人，其纳税期限是年度终了后30日内。

⑤个人独资企业和合伙企业个人所得税，其纳税期限是：投资者应纳的个人所得税税款，是按年计算的，分月或者分季预缴，主要是由投资者在每月或者每季度终了后7日内预缴，年度终了后3个月内汇算清缴，多退少补。

2.申报和缴纳

①我国个人所得税可以采用的方法主要有两种：一种是源泉扣缴税款，另一种则是自行申报纳税。

②受理纳税申报的主管税务机关根据纳税人的申报情况，按照规

定办理税款的征、补、退、抵手续。

③主管税务机关按照规定为已经办理纳税申报并缴纳税款的纳税人开具完税凭证。

④税务机关依法为纳税人的纳税申报信息保密。

⑤纳税人如果变更纳税申报地点，要报原主管税务机关备案的，原主管税务机关应当及时将纳税人变更纳税申报地点的信息传递给新的主管税务机关。

⑥除特殊情况外，纳税人应该在取得应纳税所得的次月7日内向主管税务机关申报所得并缴纳税款。

### 3.企业所得税纳税申报和缴纳

企业所得税的征收管理必须按照税收征管法的规定执行，具体如下：

#### （1）纳税地点

①除税收法律、行政法规另有规定外，居民企业以企业登记注册地为纳税地点；但登记注册地在境外的，以实际管理机构所在地为纳税地点。如果居民企业在中国境内设立不具有法人资格的营业机构的，应当汇总计算并缴纳企业所得税。

②非居民企业在中国境内设立机构和场所的，应当就其所设机构或场所取得的来源于中国境内的所得，以及发生在中国境外但与其所设机构或场所有实际联系的所得，以机构或场所所在地为纳税地点。非居民企业在中国境内设立两个或者两个以上机构或场所的，经税务机关审核批准，可以选择由其主要机构或场所汇总缴纳企业所得税。

③非居民企业在中国境内未设立机构或场所的，或者虽设立机构或场所，但取得的所得与其所设机构或场所没有实际联系的，以扣缴义务人所在地为纳税地点。

④除国务院另有规定外，企业之间不得合并缴纳企业所得税。

（2）纳税期限

①企业所得税按纳税年度计算。纳税年度自公历1月1日起至12月31日止。

②企业在一个纳税年度中间开业，或者终止经营活动，使该纳税年度的实际经营期不足12个月的，应当以其实际经营期为一个纳税年度。

③企业依法清算时，应当以清算期间作为一个纳税年度。

④企业所得税分月或者分季预缴。企业应当自月份或者季度终了之日起15日内，向税务机关报送预缴企业所得税纳税申报表，预缴税款。企业应当自年度终了之日起5个月内，向税务机关报送年度企业所得税纳税申报表，并汇算清缴，结清应缴应退税款。

（3）纳税申报

①企业在报送企业所得税纳税申报表时，应当按照规定附送财务会计报告和其他有关资料。

②企业在年度中间终止经营活动的，应当自实际经营终止之日起60日内，向税务机关办理当期企业所得税汇算清缴。

③在办理注销登记前，企业应当就其清算所得向税务机关申报并依法缴纳企业所得税。

④缴纳的企业所得税以人民币计算。所得以人民币以外的货币计算的，应当折合成人民币计算并缴纳税款。

当纳税人掌握了其纳税申报和缴纳的相关内容后，在进行申报缴纳过程中，就能顺利完成申报缴纳的工作，这对于个人或企业来说，都是一件省时而省心的事情，便于个人或企业更好地纳税，遵守国家的税法和会计法。

# 所得税的税收优惠

在税务会计管理中，个人所得税和企业所得税作为一个重要的税收范围，是政府税收收入的重要组成部分，也是财政收入的主要来源。由于市场并非一成不变，国家就需要根据市场的变化，对个人所得税和企业所得税的税率、扣除以及优惠政策做出适当的调整，以便实现增加国家收入的目的。同时，国家出台的个人所得税和企业所得税税收优惠政策，让个人和企业享受到相应的补贴政策，起到一定的减税作用，还能重新分配收入，从而缩小高低收入和大小企业之间的收入差距。那么，对于个人或企业来说，能够享受到哪些税收的优惠政策呢？

## 1.个人所得税的税收优惠

根据项目的不同情况，个人所得税的税收优惠方式主要有法定免税、其他免税和减免征税三种，具体如下：

### （1）法定免税项目

根据税法相关规定，符合下列几种情况的，可免予缴纳个人所得税，具体如下：

①省级人民政府、国务院部委、中国人民解放军军医单位以及外国组织，国际组织颁发的科学、教育、技术、文化、卫生、体育、环境保护等方面的奖金，可免征个人所得税。

②个人持有中华人民共和国财政部发行的债券，或者经由国务院批准发行的金融债券而取得的利息，可免征个人所得税。

③根据国务院相关规定而发放的政府特殊津贴和国务院规定免税的补贴、津贴，可免征个人所得税。

④个人所取得的福利费、抚恤金和救济金，可免征个人所得税。

⑤个人获得的保险赔款，免征个人所得税。

⑥军人的转业费、复员费，可免税。

⑦按照国家相关规定，发给干部、职工的安家费、退职费、退休工资、离休工资和离休生活补助费，可免税。

⑧按国家法律规定，各国驻华使馆、领事馆的外交代表、领事官员和其他人员的所得应予免税的，则免征个人所得税。

⑨对于中国政府参加的国际公约，如果签订的协议中规定免税的，其所得可免税。

（2）其他免税项目

自1994年实施新税制后，相关部门对一些个人所得项目做出了免予缴纳个人所得税的规定，具体如下：

①教育储蓄存款利息，或者由国家财政部门确定的其他专项储蓄存款或储蓄性专项基金存款利息的，可免税。

②经由乡、镇以上人民政府或县以上人民政府主管部门批准成立的见义勇为基金会，或者类似的组织发给见义勇为者的奖金和奖品，其所得均免税。

③中国科学院和中国工程院院士津贴、资深院士津贴，可免税。

④企业和个人按照国家或地方政府规定的比例提取且向指定的金融机构为个人缴付住房公积金、基本医疗保险费、基本养老保险费和失业保险费，可免征个人所得税；而对于超过相关规定比例缴付的部分，则应并入个人当期工资、薪金所得进行计税。但是，个人领取原来提存的上述款项及其利息时，可以免税。

⑤下岗职工从事社区居民服务业，其所取得的经营所得和劳务报酬，可定期免税。

⑥军队干部取得的一些特殊补贴、津贴，例如：军粮差价补贴或夫妻分居补助费等，可免税。

⑦个人与用人单位因解除劳动关系而取得的一次性经济补偿收入，相当于当地上年职工平均工资3倍数额以内的部分，免征个人所得税。

⑧对于国有企业的职工，企业按法律相关规定宣告破产，且其所得是从破产企业取得的一次性安置费收入，可免税。

（3）减免征税的项目

如果纳税人符合下列情况的，可减免个人所得税，具体如下：

①个人所取的是独生子女补贴，可免税。

②执行公务员工资制度时，对于那些纳入基本工资总额的补贴、津贴差额和家属成员的副食品补贴，可免税。

③个人所得的托儿补助费，可免税。

④个人所得的差旅费津贴、误餐补贴，可免税。

⑤股份制企业以股票溢价发行收入所形成的资本公积金转增个人

股本时，个人取得的转增股本则不作为个人所得，可免税。

⑥个人取得的残疾、孤老人员和烈属的所得，只要经由主管地税机关的批准，可在两年内减半征收个人所得税。

⑦个人由于严重自然灾害而造成重大损失的，经由主管地税机关批准后，可在一年内减半征收个人所得税，一般减征幅度是在50%~80%。

⑧对于稿酬的所得，个人所得税可减征30%。

⑨经由其他经国务院财政部门批准减税的，可免税。

### 2.企业所得税的税收优惠

根据项目的不同情况，企业所得税的税收优惠方式主要有免税收入、法定减免和其他减征三种，具体如下：

#### （1）免税收入

免税收入是指属于企业的应税所得，但按照税法规定免予征收企业所得税的收入。就目前而言，企业免税收入的项目主要包括以下几种：

①国债利息收入，其中不包括持有外国政府国债取得的利息收入。虽然，根据税法相关规定，国债利息收入属于免税收入，但并非与国债相关的收入都可以免税。一般来说，符合以下几种情况的国债利息收入，属于免税收入，具体如下：

a.纳税人购买国债所得的利息收入，可免征企业所得税；

b.企业购买（包括从二级市场购买）的国债到期或分期兑付所取得的国债收入，可免征企业所得税，而一些相关税费则不能在税前扣除；

c.企业取得的利息收入在付息日或持有国债到期前交易的，可免征企业所得税。

②企业的证券投资基金是从证券市场中取得的收入，主要包括买卖股票、债券的差价收入、股权的股息、红利收入，债券的利息收入及其他收入，可享受暂时免税的优惠政策；投资者从证券投资基金分配中取得的收入，或者证券投资基金管理人从基金买卖股票、债券的差价中所得的收入，均可享受暂时免税的优惠政策。

③非营利组织的收入主要是从非营利性活动取得的，只要符合非营利组织企业所得税免税收入的，均可免征企业所得税，主要包括：接受其他单位或个人捐赠的收入、除相关税法规定的财政拨款之外的其他政府补助收入（因政府购买服务取得的收入不包括在内），按照省级以上民政、财政部门规定收取的会费及财政部、国家税务总局规定的其他收入。

（2）法定减免项目

①企业从事农、林、牧、渔业的项目，可减免企业所得税。

②企业从事由国家重点扶持的公共基础设施项目，其投资经营的所得，自项目取得第一笔生产经营收入所属纳税年度起，3年内可免征企业所得税；第4年起，可享受减半的优惠政策；企业承包经营、承包建设和内部自建自用，则无法享受企业所得税的优惠政策。

③企业从事符合条件的环境保护、节能节水的项目，其环境保护、节能节水项目的所得，自项目取得第一笔生产经营收入所属纳税年度起，3年内可享受免税政策；自第4年起，可减半征收企业所得税。

④根据税法的相关规定，符合技术转让所得的减免税条件的，对于企业转让技术所有权所得低于500万元的部分，可免征企业所得税，

而对于超过500万元的部分，则享受减半征收企业所得税的优惠政策。

（3）其他减征项目

①企业是国家重点扶持的高新技术型的，可享受减征企业所得税的优惠政策，按照15%的所得税税率进行征收。

②自2014年1月1日至2016年12月31日，对年应纳税所得额低于10万元（含10万元）的小型微利企业，其所得减按50%计入应纳税所得额，按20%的税率缴纳企业所得税。

③企业的研究开发费用主要是为了开发新技术、新产品和新工艺而发生的，没有形成无形资产被计入当期损益中，可以在按照相关规定据实扣除的基础上，再按照研究开发费用的50%加以扣除；如果企业的研究开发费用已经形成无形资产，则要按无形资产成本的150%摊销。

④企业是非居民的，在中国境内未设立机构、场所，或者虽设立机构、场所但取得的所得与其所设机构、场所没有联系的，可享受减征企业所得税的优惠政策，按照10%的所得税税率进行征收。

⑤企业综合利用的主要原材料是在相关法律规定范围内的资源，其所生产的产品是国家非限制和禁止的，且符合国家和行业相关标准的，可享受减征企业所得税的优惠政策，按照90%的所得税税率计入收入总额中。

以上就是个人所得税和企业所得税税收优惠政策的相关内容，只有我们掌握了这些，才能更好地进行纳税工作。同时，还能最大化地享受到国家提供给个人或企业的税收优惠政策，能够有效减少个人或企业的税收负担。

# 第六章 其他小税种的会计处理

伴随国家经济的飞快发展，关税、资源税和其他小税种对国家财政贡献与日俱增。我们只有掌握了关税、资源税和其他小税种的会计处理，才能更好地依法纳税，顺利完成纳税工作。

# 关税、资源税和其他小税种的概念及特点

除了“三税”之外，关税、资源税和其他小税种对国家的贡献也是不容小视的。为了加强纳税人的纳税意识，加强对关税、资源税和其他小税种的征管和税法宣传，并对纳税人进行责任追究。了解并掌握关税、资源税和其他小税种及特点是非常有必要的，具体如下：

### 1.关税的概念及特点

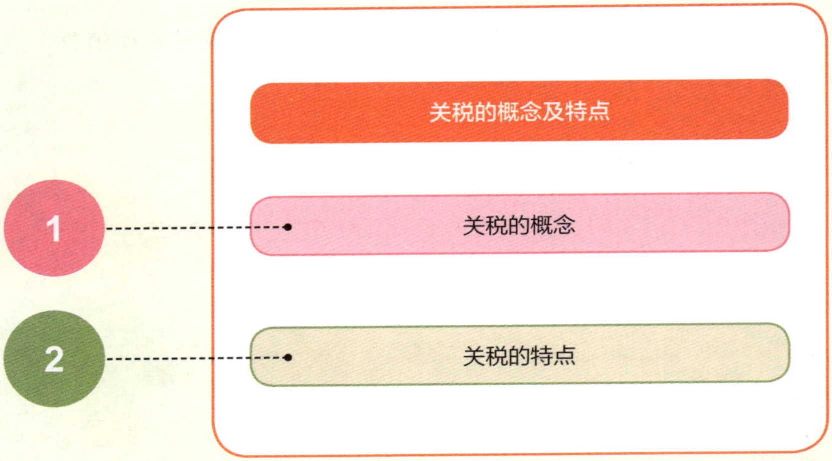


#### （1）关税的概念

关税是由海关根据国家制定的有关法律，以进出关境的货物和物品为征税对象而征收的一种商品税。

### （2）关税的特点

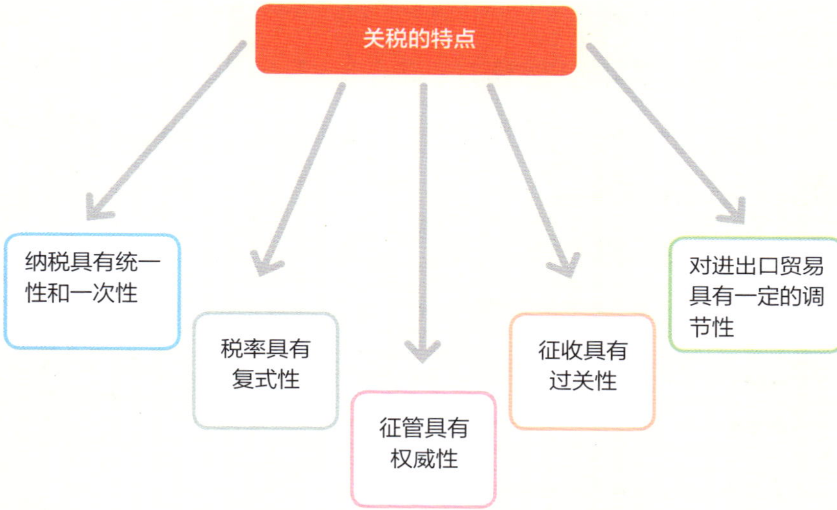


①纳税具有统一性和一次性。

关税是按照全国统一的进出口关税条例和税则进行征收的，在征收一次性关税后，货物就可以在整个关境内流通，不需要再另行征收关税。

②税率具有复式性。

同一进口货物设置复式的税制，即一种是优惠税率，另一种则是普通税率。其中，优惠税率是一般的正常的税率，比较适用于同我国订有贸易互利条约或协定的国家；而普通税率比较适用于同我国没有签订贸易条约或协定的国家。所以，税率上的复式性能够充分反映关税具有维护国家主权和平等互利发展国际贸易往来和经济技术合作的特点。

③征管具有权威性。

关税是通过海关执行的，而海关是设在关境上的国家行政管理机构，同时，也是贯彻执行本国有关进出口政策、法令和规章的重要工具。其主要任务就是根据有关政策、法令和规章，对进出口货物和运输工具等实行监督管理。

④征收具有过关性。

是否征收关税主要是根据货物是否通过关境而规定的，也就是说，只有要进出关境的货物才征收关税，而那些未进出关境的货物则不征收关税。

⑤对进出口贸易具有一定的调节性。

许多国家都是通过制定和调整关税税率来调节进出口贸易。在出口方面，主要通过低税、免税和退税来鼓励商品出口，而在进口方面，则主要是通过税率的高低、减免来调节商品进口。

### 2.资源税的概念及特点

#### （1）资源税的概念

资源税是对在我国境内开采应税矿产品和生产盐的单位和个人，就其应税数量而征收的一种税。

（2）资源税的特点

①征税范围比较窄。

自然资源是生产资料或生活资料的天然来源，它包括的范围非常广泛，比如：矿产资源、土地资源等。目前，我国的资源税征税范围比较窄，只选择了部分级差收入差异较大、资源比较普遍的资源，其征收范围主要是矿产品和盐列两大类。

②实行源泉课征。

不管采掘或生产单位是否属于独立核算，资源税都必须按规定在采掘或生产地源泉控制征收，这样不但能够保障采掘地的利益，还能有效避免税款的不断流失。

③实行差别税额从量征收。

我国现行资源税实行从量定额征收，这样，税收收入就不会受到产品价格、成本和利润变化的影响，能够稳定国家的财政收入，而且对促进资源开采，企业降低成本非常有利，在一定程度上，还能提高国家的经济效率。同时，资源税按照“资源条件好、收入多的多征，资源条件差、收入少的少征”的原则，根据矿产资源等级分别确定不同的税额，对调节资源级差收入的效果非常不错。

### 3.其他小税种的概念及特点

虽然，小税种没有“三税”那么重要，但它们对国家产生的意义也是十分重大的，其概念和特点具体如下：

**小税种的概念和特点**

| 税种 | 概念 | 特点 |
|---|---|---|
| 印花税 | 印花税是对经济活动和经济交往中书立、领受的凭证征收的一种税 | （1）兼有凭证税和行为税的性质；<br>（2）由纳税人自行完成纳税义务；<br>（3）税率低、赋税轻；<br>（4）征收范围比较广 |
| 房产税 | 房产税是对在城市、县城、建制镇和工矿区范围内拥有房屋产权的国内单位和个人征收的一种财产税 | （1）属于个人财产税；<br>（2）实行区别经营方式征税；<br>（3）征收范围限于城镇经营性房屋 |
| 车船税 | 车船使用税是以车船为征税对象，向拥有并使用车船的单位和个人征收的一种税 | （1）兼有财产税和行为税的性质；<br>（2）具有单项财产税的特点；<br>（3）实行分类、分级（项）定额税率 |
| 城镇土地使用税 | 城镇土地使用税是以开征范围的土地为征税对象，以实际占用的土地面积为计税标准，按照规定税额对拥有土地使用权的单位和个人征收的一种税 | （1）对占用土地的行为征税；<br>（2）征税对象是土地；<br>（3）征税范围有所限定；<br>（4）实行差别幅度税额 |
| 契税 | 契税是以所有权发生转移变动的不动产为征税对象，向产权承受人征收的一种财产税 | （1）属于财产转移税；<br>（2）由财产承受人缴纳 |
| 耕地占用税 | 耕地占用税是国家对占用耕地建房或者从事其他非农业建设的单位和个人，根据实际占用耕地面积，并按规定税额一次性征收的一种税 | （1）兼具资源税与特定行为税的性质；<br>（2）采用地区差别税率；<br>（3）在占用耕地环节一次性课征；<br>（4）税收收入专用于耕地开发与改良 |
| 土地增值税 | 土地增值税是对有偿转让国有土地使用权及地上建筑物和其他附着物产权，而取得的增值收入的单位和个人征收的一种税 | （1）以转让房地产的增值额为计税依据；<br>（2）征税范围比较广；<br>（3）实行超率累进税率；<br>（4）实行按次征收 |
| 城市维护建设税 | 城市维护建设税是对从事工商经营缴纳增值税、消费税、营业税的单位和个人征收的一种税 | （1）税款专款专用，具有受益税的性质；<br>（2）属于一种附加税；<br>（3）根据城建规模设计税率；<br>（4）征收范围比较广 |
| 车辆购置税 | 车辆购置税是在中国境内购置规定的车辆而向车辆购置者征收的一种税 | （1）征收范围和征收环节比较单一；<br>（2）征税具有特定目的；<br>（3）价外征收，不转嫁税负 |

以上就是关税、资源税和其他小税种的特点。由于纳税人所缴纳的税种并不是单一的，那么，在进行依法纳税时，了解各税种的基本概念和特点，这是我们掌握的最基本的税法知识。因为只有了解了各税种的相关知识，才能知道企业要缴纳的税有哪些，才能真正做到依法纳税。

# 如何进行关税的计税

关税是国家的重要经济杠杆，通过税率的高低和关税的减免，不但能够影响进口规模，还能调节国民经济活动。作为发展中国家的中国，征收进出口关税是取得财政收入的重要渠道之一。可以说，关税收入是财政收入的重要组成部分，为国家经济建设提供了客观的财政资金。那么，作为纳税人，了解并掌握简单易行的关税计税会计处理是很有必要的，其具体如下：

### 1.简单易行的关税计税

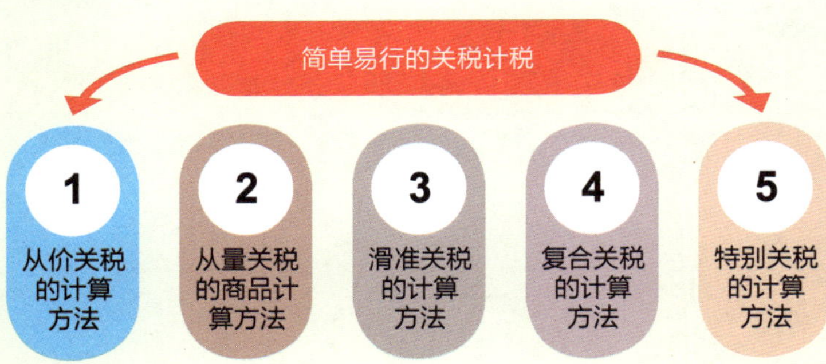


关税的计算方法有很多，主要包括：从价方法、从量方法、滑准

方法、复合方法和特殊方法等，由于关税的方法不同，其计算公式也会不同，具体如下：

（1）从价关税的计算方法

从价税是以进出口货物的价格为标准计征关税。值得注意的是，这里的价格指的是进出口商品的完税价格，而不是指成交价格。所以，按从价税计算关税，就必须先确定货物的完税价格。从价税额计算公式如下：

应纳税额＝应税进出口货物数量×单位完税价格×适用税率

（2）从量关税的商品计算方法

从量关税是以商品的数量、重量、容量、长度和面积等计量单位为标准来征收关税的，它最大的特点就是不会因为商品价格的涨落而改变税额，计算方法比较简单。从量关税额的计算公式如下：

应纳税额＝应税进口货物数量×关税单位税额

（3）滑准关税的计算方法

滑准税是指关税的税率随着进口商品价格的变动而反方向变动的一种税率形式，即价格越高，税率越低，税率为比例税率。所以，实行滑准税率。进口商品应纳关税税额与从价税的计算方法是相同的，其计算公式如下：

应纳税额=应税进出口货物数量×单位完税价格×滑准税税率

（4）复合关税的计算方法

复合税是对进口商品既征从量关税又征从价关税的一种办法，也可以称为混合税。通常，复合关税主要以从量为主，然后再加征从价税。混合税额的计算公式如下：

应纳税额 = 应税进口货物数量 × 关税单位税额 + 应税进口货物数量 × 单位完税价格 × 适用税率

（5）特别关税的计算方法

特别关税的计算公式如下：

特别关税=关税完税价格 × 特别关税税率

进口环节消费税=进口环节消费税完税价格 × 进口环节消费税税率

进口环节消费税完税价格=（关税完税价格+关税+特别关税）÷（1−进口环节消费税税率）

进口环节增值税=进口环节增值税完税价格 × 进口环节增值税率

进口环节增值税完税价格=关税完税价格+关税+特别关税+进口环节消费税

## 2.简单易行的关税会计处理

由于企业经营类型不同，其关税的会计处理也会不同，具体如下：

### （1）工业企业关税的会计处理

①进口关税的会计处理。

a.如果工业企业是通过外贸企业代理或直接从国外进口原材料的，那么，其应支付的进口关税则需要与进口原材料的价款、国外运费和保费、国内费用等，直接计入进口原材料成本中。其会计处理如下：

借：物资采购

　　贷：银行存款、应付账款

b.如果工业企业是以同外商签订的加工装配和补偿贸易合同依据而

引进国外设备的，那么，其应支付的进口关税则按照相关规定以企业专用拨款等方式支付。支付时，其会计处理如下：

借：在建工程——引进设备工程

　　贷：银行存款

②出口关税的会计处理。

对于工业企业出口产品应缴纳的出口关税，在支付时，其会计处理如下：

借：主营业务税金及附加

　　贷：银行存款、应付账款

（2）商品流通企业关税的会计处理

进出口经营权的商品流通企业按照其经营方式的不同，将其进出口业务分为自营和代理两大类，由于不同经营方式下的进出口业务，其关税会计处理也会有所不同，具体如下：

①自营进口。

商品流通企业按规定计算自营进口业务应缴纳的关税时，其会计处理如下：

借：商品采购

　　贷：应交税金——应交进口关税

实际交纳时，其会计处理如下：

借：应交税金——应交进口关税

　　贷：银行存款

②代理进口。

对于代理进口业务，商品流通企业一般是不垫付货款的，主要是通过收取手续费的形式向委托方提供代理服务的方式。所以，进口业务应缴纳的关税主要是由委托方负担。即使商品流通企业已向海关缴纳了关税，也只是代垫或代付，最后还是会向委托方收回的。在商品流通企业代付进口关税时，其会计处理如下：

借：应交税金——应交进口关税

　　贷：银行存款

### （3）外贸企业关税的会计处理

一般来说，外贸企业进口的商品应纳的关税主要是在“应交税费——应交进口关税”科目下核算，其缴纳的进口关税业务主要有自营进口、代理进口、国家调拨进口、易货贸易进口和专项外汇进口等。其会计处理如下：

①自营进口。

外贸企业计算出自营进口业务应缴纳的关税时，其会计处理如下：

借：商品采购——进口商品采购——自营进口

　　贷：应交税费——应交进口关税

企业实际缴纳进口关税时，其会计处理如下：

借：应交税费——应交进口关税

　　贷：银行存款

②代理进口。

外贸企业代付进口关税时，其会计处理如下：

借：应交税费——应交进口关税

贷：银行存款

外贸企业向委托单位托收时，其会计处理如下：

借：应收账款

贷：应交税费——应交进口关税

③易货贸易进口。

外贸企业易货贸易进口关税直接在“商品采购”科目核算，其会计处理如下：

借：商品采购—易货进口采购

贷：应交税费——应交进口关税”。

实际缴纳进口关税时，

借：应交税费——应交进口关税

贷：银行存款

④国家调拨进口业务。

对国家调拨进口业务应缴纳的关税，其会计处理如下：

借：商品采购——进口商品采购——国家调拨进口

贷：应交税费——应交进口关税

当企业实际缴纳进口关税时，其会计处理如下：

借：应交税费——应交进口关税

贷：银行存款

⑤专项进口业务。

外贸企业计算应缴纳的专项进口关税时，其会计处理如下：

借：其他销售成本——专项销售成本

贷：应交税费——应交进口关税

外贸企业实际缴纳上述进口关税时

借：应交税费——应交进口关税

贷：银行存款

关税作为国家财政收入的重要组成部分，具有强制性、无偿性和预定性这三个特点。其中，关税的税率、计算及会计处理与纳税人有着非常紧密的联系。只有掌握了关税的计税会计处理的相关知识，才能正确计算关税，并依法缴纳关税。

# 如何进行资源税的计税

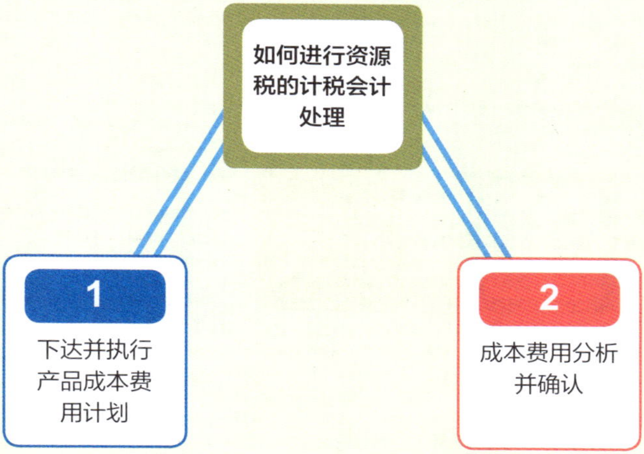


在税收体系中，资源税的范围最广，是保护资源的主要税种，尤其是资源日益匮乏的今天。为了环境与经济的可持续发展，资源税需要进一步调整，才能有效调节因资源差别而形成的级差收入。当国家扩大资源税征收范围，制定合理的资源税率时，仅仅了解资源税的特点还远远不够，还需要进一步了解并掌握资源税的计税及会计处理，这样才能更好地依法缴纳资源税，具体如下：

### 1.资源税应纳税额的计算

资源税应纳税额是以人民币为计算单位，主要是根据应税产品的课税数量，并按相关规定的单位税额进行计算的，其计算公式为：

$$应纳税额=课税数量\times 单位税额$$

另外，值得注意的是，按规定，纳税人以外购的液体盐加工固体盐，其加工固体盐耗用液体盐的已纳税额准予扣除。

### 2.资源税的会计处理

根据企业的实际情况的差异，资源税的会计处理也会不同，具体如下：

#### （1）企业自产自用应税产品的会计处理

对于企业自产自用应税产品，其应缴纳的税金直接计入产品的生产成本，而不是计入产品销售税金，其会计处理如下：

借：生产成本或制造费用

　　贷：应交税金——应交资源税

当企业按规定实际缴纳资源税应纳税款时，其会计处理如下：

借：应交税金——应交资源税

　　贷：银行存款

#### （2）企业销售应税产品的会计处理

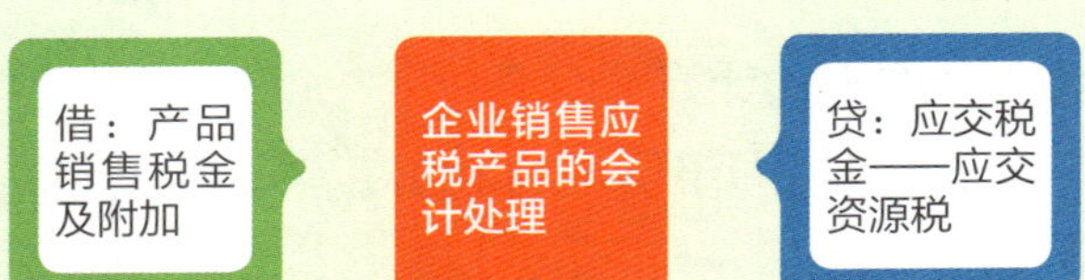

每月底，企业计提外销售应税产品应缴纳资源税时，其会计处理如下：

借：产品销售税金及附加

　　贷：应交税金——应交资源税

当企业按规定实际缴纳资源税税款时，其会计处理如下：

借：应交税金——应交资源税

　　贷：银行存款

### （3）收购液体盐加工固体盐的会计处理

按照税法规定，纳税人以外购的液体盐加工固体盐，其加工固体盐所耗用的液体盐的已纳税额准予扣除。那么，当企业在购入液体盐时，其会计处理如下：

借：应交税金——应交资源税、材料采购

　　贷：银行存款

当企业将液体盐加工成固体盐出售时，按照计算出的固体盐应交缴的资源税，其会计处理如下：

借：产品销售税金及附加

　　贷：应交税金——应交资源税

当企业按规定缴纳税金时，应该将销售固体盐应纳资源税税额抵扣液体盐已纳资源税税额后的余额，其会计处理如下：

借：应交税金——应交资源税

　　贷：银行存款

（4）收购未税矿产品代扣代缴资源税的会计处理

为了加强资源税的征管，税法对税源小、零散、易漏税等情况，主要是由收购未税矿产品的单位在收购时代扣代缴资源税，其会计处理如下：

当企业对未税矿产品进行收购时，按实际支付的收购款，其会计处理如下：

借：材料采购

　　贷：现金或银行存款

当企业按代扣代缴的资源税计税时，其会计处理如下：

借：材料采购

　　贷：应交税金——应交资源税

当企业按规定缴纳代扣代缴资源税时，其会计处理如下：

借：应交税金——应交资源税

　　贷：银行存款

（5）纳税人补缴或退税的会计处理

与税务机关结算上月税款时，对于少缴的税款，纳税人应该补缴时，其会计处理如下：

借：应交税金——应交资源税

　　贷：银行存款

对于多缴的税款，纳税人可以按相关规定于下月退回或者抵缴，实际退回税款时，其会计处理如下：

借：银行存款

　　贷：应交税金——应交资源税

由于国家的资源有限，为了在能够保护资源的前提下，维持国家经济的可持续发展，就需要对资源进行征税。同时，需要我们掌握资源税的相关知识，因为，只有真正掌握了资源税计税会计处理的相关知识，才能在纳税申报时，有效保证资源税计税依据核算的真实性，有利于进行资源税的缴纳工作。

# 如何进行其他小税种的计税

不管是大税种还是小税种，也不管是大企业还是中小企业，只要发生纳税义务，都要依法纳税。在申报纳税小税种时，保证小税种计税依据核算的真实性很重要，这就要求我们要掌握小税种的计税会计处理的相关内容，具体如下：

### 1.其他小税种应纳税额的计算

除资源税、关税外，还有其他税种，主要包括：印花税、房产税、车船税等税种，其各自的计算公式具体如下：

### （1）印花税的计算

①经济合同和具有合同性质的凭证的印花税，其计算公式如下：

应纳税额=计税金额×适用税率

另外，印花税的税目税率具体如下：

a.财产租赁合同、仓储保管合同、财产保险合同按收入费用金额的1‰贴花。

b.加工承揽合同、建设勘察及设计合同、货物运输合同按收入费用金额的0.5‰贴花。

c.购销合同、建筑安装工程合同、技术合同按金额的0.3‰贴花。

d.借款合同按借款金额的0.05‰贴花。

②账簿印花税。

a.资金账簿应纳印花税的计算公式如下：

应纳税额=（实收资本金+资本公积金）×0.5‰

b.其他账簿应纳印花税的计算公式如下：

应纳税额=账簿件数×5元

c.权利许可证照应纳印花税的计算公式如下：

应纳税额=证照件数×5元

d.产权转移书据应纳印花税的计算公式如下：

应纳税额=产权转移书据金额×0.5‰

### （2）房产税的计算

①如果是按房产原值一次减除10%~30%后的余值计算，其计算公式如下：

年应纳税额＝房产账面原值×（1－扣除率）×1.2%

②如果是按租金收入计算，其计算公式如下：

年应纳税额＝年租金收入×适用税率（12%）

除此之外，如果是分期缴纳房产税，比如：按月缴纳房产税，则以年应纳税额除以12；按季缴纳房产税，则以年应纳税额除以4；按半年缴纳房产税，则以年应纳税额除以2。另外，对于工业用的自用地下建筑物，则以房屋原价的50%作为应税房产原值，而对于与地上房屋相连的地下建筑物，应该将地下部分与地上房屋视为一个整体，按照地上房屋建筑的有关规定计算征收房产税。

### （3）车船税的计算

对于不同车辆，车船税的计算公式也会不同，具体如下：

①机动车（载货汽车除外）和非机动车，其计算公式如下：

应纳税额＝应税车辆数量×单位税额

②载重汽车、机动船和非机动船，其计算公式如下：

应纳税额＝车船的载重或净吨位数量×单位税额

### （4）契税的计算

应纳税额＝计税依据×税率

### （5）城镇土地使用税的计算

年应纳税额=计税土地面积（平方米）×适用税额

季应纳税额＝年应纳税额÷4

### （6）城市维护建设税的计算

应纳税额=实际缴纳的增值税、消费税和营业税税额之和÷适用税率

（7）耕地占用税的计算

应纳税额=实际占用耕地面积×适用税率

（8）土地增值税的计算

应纳土地增值税=土地增值额×适用税率

土地增值额=收入总额-条例规定准予扣除项目余额

（9）车辆购置税的计算

应纳税额=计税价格×税率

## 2.其他小税种的会计处理

除了营业税、增值税外，其他税种也很重要，其会计处理具体如下：

（1）印花税

如果是在租赁谈判和签订租赁合同过程中发生的印花税，可以将其归属于租赁项目的手续费、律师费、差旅费、印花税等初始直接费用，并计入融资租赁固定资产价值；如果是企业购买股权投资缴纳的印花税，应该将其计入股权投资的初始投资成本；如果是其他情况的，其会计处理如下：

借：管理费用

贷：银行存款

（2）土地增值税

①一般企业土地使用权在“无形资产”科目核算的，转让时按实际收到的金额，其会计处理如下：

借：银行存款

借：累计摊销

贷：无形资产

贷：应交税费——应交土地增值税

贷：营业外收入（或借：营业外支出）

②一般企业转让的土地使用权连同地上建筑物及其附着物都在“固定资产”等科目核算的，转让时应交的土地增值税，其会计处理如下：

借：固定资产清理

贷：应交税费——应交土地增值税

③房地产开发企业，应该将土地增值税记入“营业税金及附加”科目，其会计处理如下：

借：营业税金及附加

贷：应交税费——应交土地增值税

④兼营房地产业务的企业，应由当期负担的土地增值税，通过

“其他业务成本”科目核算，其会计处理如下：

借：其他业务成本

　　贷：应交税费——应交土地增值税

⑤转让以支付土地出让金等方式取得的国有土地使用权，原已纳入“无形资产”核算的，在其转让时，其会计处理如下：

借：其他业务支出

　　贷：应交税金——应交土地增值税

⑥上述交纳土地增值税时，其会计处理如下：

借：应交税金——应交土地增值税

　　贷：银行存款

### （3）城市维护建设税和教育费附加

其会计处理如下：

借：营业税金及附加

　　贷：应交税费

### （4）契税、车辆购置税

其会计处理如下：

借：固定资产 ÷ 无形资产

　　贷：银行存款

（5）耕地占用税

企业按规定计算交纳耕地占用税时，其会计处理如下：

借：在建工程

　　贷：银行存款

（6）房产税、车船使用税、土地使用税、矿产资源补偿费

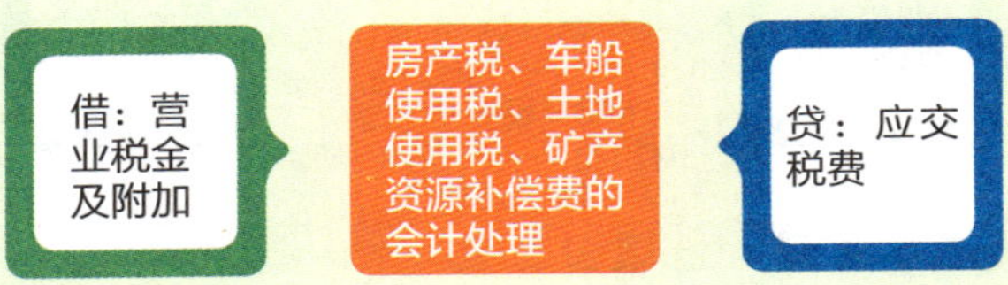


企业按规定计算并缴纳房产税、车船使用税、土地使用税以及矿产资源补偿费时，其会计处理如下：

借：管理费用

　　贷：应交税费

另外，如果是与投资性房地产有关的房产税、土地使用税，其会计处理如下：

借：营业税金及附加

　　贷：应交税费

总之，只有当纳税人掌握了以上各小税种的计税会计处理相关内容，才能在申报和缴纳过程中，正确计算各税种的应交税费。这样，不但能够有效减少因少缴税款而受到的相应处罚，还能顺利进入下一步的纳税工作。

## 规范操作：关税、资源税和其他小税种的申报和缴纳

大家仅仅掌握关税、资源税和其他小税种的概念、特点和计税会计处理，还是不够的，还得掌握它们是如何进行申报和缴纳的，只有掌握了关税、资源税和其他小税种申报和缴纳的相关内容，才能顺利完成申报和缴纳工作。那么，我们就来讲解这方面的内容。

### 1.关税的申报和缴纳

在申报和缴纳关税时，需要掌握的具体内容如下：

#### （1）纳税期限

按照税法相关规定，纳税义务人应当自海关填发海关（进出口）专用缴款书之日起15日内，向指定银行缴纳税款。

#### （2）纳税申报地点

按照税法相关规定，进口货物自运输工具申报进境之日起14日内，出口货物在货物运抵海关监管区后装货的24小时以内，应由进出口货物的纳税义务人向货物进（出）境地海关申报。另外，为方便纳税义务人，经申请且海关同意，进（出）口货物的纳税义务人可以在设有海关的指运地（启运地）办理海关申报和纳税手续。

#### （3）关税的缴纳

①货物进出口关税的缴纳。

如果是进出口货物的纳税人，应当自海关填发税款缴纳证的次日起七日内缴纳税款。

②物品进出口关税的缴纳。

如果是进出境物品的纳税义务人，应当在物品放行前缴纳税款。

### 2.资源税的申报和缴纳

关于资源税的申报和缴纳，其具体内容如下：

#### （1）纳税义务发生时间

①如果纳税人销售的是应税产品，那么，收讫销售款或者取得索取销售款凭据的当天便是其纳税义务发生的时间。另外，根据结算方式的不同，又可以分为以下几种情况：

a.如果纳税人销售应税产品采取的是分期收款的结算方式，那么，其销售合同规定的收款日期的当天便是纳税义务发生时间。

b.如果纳税人销售应税产品采取的是预收货款的结算方式，那么，其发出应税产品的当天便是纳税义务发生时间。

c.除分期收款和预收货款外，如果纳税人采取的是其他结算方式销售应税产品，那么，其收讫销售款或者取得索取销售款凭据的当天便是纳税义务发生时间。

②如果纳税人销售的是自产自用应税产品，那么，其移送使用应税产品的当天便是纳税义务发生时间。

③扣缴义务人代扣代缴税款的纳税义务发生时间是支付货款的当天。

#### （2）纳税地点

按照税法规定，资源税的纳税地点如下：

①纳税人应纳的资源税，应当向应税产品的开采或者生产所在地主管税务机关缴纳。但是，在具体实施过程中，如果是跨省、自治区、直辖市开采资源税应税产品的单位，其下属生产单位与核算单位

又不在同一省、自治区、直辖市的，则对其开采的矿产品均在开采地纳税，而其应纳税款是由独立核算和自负盈亏的单位，按照开采地的实际销售量（或自用量）及适用的单位税额计算划拨。

②扣缴义务人代扣代缴的资源税，应该向收购地主管税务机关缴纳。

③如果纳税人在纳税人的本省、自治区和直辖市范围内，开采或者生产应税产品，纳税地点需要调整的，最终是由省、自治区、直辖市人民政府确定。

（3）纳税期限

按照税法规定，资源税的纳税期限为1日、3日、5日、10日、15日，或者1个月，由主管税务机关根据实际情况具体核定。不能按固定期限计算纳税的，可以按次计算纳税，具体如下：

①纳税人以1个月为一期纳税的，自期满之日起10日内申报纳税。

②纳税人以1日、3日、5日、10日或者15日为一期纳税的，自期满之日起5日内预缴税款，于次月1日起10日内申报纳税并结清上月税款。

③扣缴义务人的解缴税款期限，比照上述规定执行。

### 3.其他小税种的申报和缴纳

对于纳税人来说，其他小税种的申报和缴纳也是不容忽视的，其具体内容如下表所示：

其他小税种的申报和缴纳内容

| | 纳税时间 | 纳税地点 | 纳税期限 |
|---|---|---|---|
| 印花税 | ①合同签订时贴花；<br>②账簿启用时贴花；<br>③证照领受时贴花 | 一般实行就地纳税 | 自行计算应纳税额，并自行购买印花税票，自行完成纳税义务 |

续表

| | 纳税时间 | 纳税地点 | 纳税期限 |
|---|---|---|---|
| 房产税 | ①原有房产用于生产经营的，自生产经营之月起；<br>②其他情况的都是自次月起 | 房产所在地缴纳 | 按年计算分期缴纳的征收方法 |
| 车船税 | 船管理部门核发的车船登记证书或者行使证书的所记载的日期的当月 | 一般情况下，车船税主要是由省、自治区、直辖市人民政府据情况而定（跨省市的车船纳税地点为车船登记地） | 自公历1月1日起，至12月31日止 |
| 契税 | 纳税人签订地、房屋权属转移的合同的当天，或者纳税人取得其他土地房屋权属转移合同性质的当天 | 土地房屋所在地的税务机关 | 自纳税义务发生之日起10日内 |
| 耕地占用税 | ①经批准占用耕地的，其纳税时间是纳税人收到土地管理部门办理占用农用地手续通知的当天；<br>②未经批准占用耕地的，其纳税时间是纳税人实际占用耕地的当天 | 纳税人占用耕地或其他农用地，应该在耕地或其他农用地所在申报纳税 | 纳税人必须在经土地管理部门批准占用耕地之日起30日内缴纳耕地占用税 |
| 土地增值税 | 转让房地产合同签订后7日内到房地产所在地主管税务机关缴纳 | 发生应税行为应向房地产所在地主管税务机关缴纳 | 采用四级超率累计税率（权属发生改变才交税，未发生改变则不交税） |
| 城市维护建设税 | 与“三税”的纳税时间相一致 | ①与三税的纳税地点和征收机关相同；<br>②代扣代缴城市维护建设税的，应该由纳税单位或个人回到其所在地申报纳税 | ①与“三税”的纳税期限相一致；<br>②不能按固定期限纳税的，则可以按次纳税 |
| 车辆购置税 | 购买应税车辆的当天 | ①纳税人购置应税车辆，应该向车辆登记注册地的主管税务机关申报纳税；<br>②购置无须办理车辆登记注册手续的，应当向纳税人所在地的主管税务机关申报纳税 | 纳税人应当自购买、进口或取得车辆之日起60日内办理纳税申报 |

以上就是关税、资源税和其他小税种的申报和缴纳的内容，只有将其真正掌握了，才能有效减少因不懂其申报和缴纳的相关知识而延迟了小税申报和缴纳的时间，同时，也是依法纳税的基本前提。

# 其他小税种的税收优惠

在税务会计管理中，关税、资源税和其他小税种虽没有增值税、营业税那么重要，但它们的应用范围却极为广泛，如果不能加强小税种的管理，就会遇到征收难度大等问题。随着小税种在税收收入总额的比重逐年增高，其对完成国家的税收任务也发挥着越来越重要的作用。由此，国家推行小税种的优惠政策，让更多的人了解小税种，增强纳税人依法纳税的法制意识和观念。那么，关税、资源税和其他小税种的税收优惠有哪些呢？

## 1.关税的税收优惠

征收关税时，由于实际情况不同，其税收优惠也是不尽相同的，一般来说，关税的税收优惠类型主要包括法定减免、特定减免和临时减免，具体如下：

### （1）法定减免税（包括但不限于）

下面几种情况都属于法定的减免税，具体如下：

①一票货物的关税税额不大于人民币50元，可以免征关税。

②广告品和货样没有商业价值，可以免征关税。

③物资是外国政府和国际组织无偿赠送的，可免征关税。

④进出境运输工具装载的是途中必需的燃料、物料和饮食用品，可免征关税。

⑤中国出口货物因故退还，且已经过海关审查属实，可免征进口关税，但出口关税已征收则不予退还。

⑥境外进口货物因故退还，且已经过海关审查属实，可予免征出口关税，但若进口关税已征收则不予退还。

⑦进口货物出现以下几种情况，且已经过海关查明属实，则可以酌情减免进口关税，具体如下：

a.在境外运输中或在起卸过程中，进口货物遭受损坏或者损失的；

b.起卸后，在海关放行前，进口货物因为不可抗力而遭受损坏或者损失的；

c.海关查验过程中，进口货物已经破漏、损坏或者腐烂，且经证明不是因为保管不慎而造成的。

⑧货物是无代价抵偿的，只要符合规定就可以免征关税。

### （2）特定减免税

特定减免税也可以称为政策性减免税，它主要是指在法定减免税之外，国家按照国际通行规则和我国实际情况，制定发布的有关进出口货物减免关税的政策，其中包括科教用品、残疾人专用品、扶贫、慈善性捐赠物资、加工贸易产品、边境贸易进口物资、保税区进出口货物、出口加工区进出口货物等。

### （3）临时减免税

临时减免税是指除了法定减免税和特定减免税以外的其他减免税，主要是由国务院根据《中华人民共和国海关法》对某个单位、某类商品、某个项目或某批进出口货物的特殊情况，给予相应的特别照顾，一案一批，专文下达的减免税。但是，临时减免是有一定限制的，例如：单位、品种、期限、金额或数量等。

### 2.资源税的税收优惠

对于资源税的税收优惠，主要是实行减免政策，主要有以下几种情况：

①在开采原油过程中，用来加热和修井的原油，免征资源税。

②在开采或生产应税产品过程中，纳税人因为意外事故或自然灾害等原因而遭受到重大损失的，由省、自治区、直辖市人民政府酌情决定减税或免税。

③对于冶金矿山铁矿石资源税，自2012年2月1日起实行减征政策，按照相关规定税额标准的80%进行征收。

④自2007年2月1日起，北方海盐资源税暂时按照每吨15元征收，南方海盐、湖盐、井矿盐等资源税，则暂时按照每吨10元征收；而对于液体盐资源税，暂时减税，按照每吨2元进行征收。

⑤自2007年1月1日起，地面抽采煤层气可免征资源税。

⑥在公路、桥梁等工程施工过程中，在工程征用土地范围内就地取土，且主要用于工程建设的，可免征资源税；而在工程征用土地范围内就地用于其他的，或者是在工程征用土地范围以外取土，且主要用于工程建设的，都必须按照相关规定征收资源税。

⑦纳税人使用的是减税免税项目，应该单独核算课税数量，并可予以减税或者免税。

### 3.其他小税种的税收优惠

除了关税、资源税之外，其他小税种的税收优惠主要有以下几种情况：

其他小税种的税收优惠情况

| 小税种 | 税收优惠 |
|---|---|
| 印花税 | ①与高校学生签订高校学生公寓租赁合同的，可免征印花税。<br>②将财产赠给政府、社会福利单位和学校所立的书据，可免税。<br>③收购部门与村民委员会和农民个人书立的农副产品收购合同，可免税。<br>④贷款合同是无息或贴息的，可免税。<br>⑤外国政府或国际金融组织向我国政府及国家金融机构提供优惠贷款所书立合同的，可免税。<br>⑥房地产管理部门与个人签订的主要是用于生活居住的租赁合同的，可免税。<br>⑦农牧业保险合同可免税。<br>⑧一些特殊货运，例如：军事、救灾、新铁路等施工运料，可以凭证享受免税政策，使用工程临管线专用的运输合同等特殊运输合同的，也可免税 |
| 房产税 | （1）法定项目免税<br>①国家机关、人民团体、军队自用的房产，可免税。<br>②由国家财政部门拨付事业经费的单位自用的房产，可免税。<br>③宗教寺庙、公园、名胜古迹自用的房产，可免税。<br>④个人所有非营业用的房产，可免税。<br>⑤经过财政部门批准免税的其他房产，可免税。<br>（2）其他项目的减免税<br>①经费来源实行自收自支后的事业单位，自实行自收自支的年度起，可免征房产税3年。<br>②纳税人纳税确实有困难的，可由省级人民政府来确定是否减征或免征房产税。<br>③企业创办的各类学校、医院、托儿所、幼儿园自用的房产，可免征房产税。<br>④地下人防设施主要用于营业，则可以享受暂时免征房产税。<br>⑤经鉴定，对毁损严重不堪居住的房屋和危险房屋，在停止使用后，可免征房产税。<br>⑥微利企业和亏损企业的房产，可由地方根据实际情况在一定期限内实行暂时免征房产税。<br>⑦当企业停产或撤销后，原有房产闲置不用，可由省级地税局批准暂时不征收房产税。<br>⑧基建施工建造的各种临时性房屋，在施工期间，可免征房产税。<br>⑨工厂和仓库在未开征地区范围之内，可免征房产税。<br>⑩对于疾病控制、妇幼保健等卫生机构和非营利性医疗机构自用的房产，可免征房产税，而对于营利性医疗机构的房产，则免征房产税3年 |

续表

| 小税种 | 税收优惠 |
| --- | --- |
| 车船税 | （1）法定免税车船<br>①捕捞、养殖渔船。<br>②车队、武警专用的车船。<br>③警用车船。<br>④根据法律规定，外国驻华使领馆、国际组织驻华代表机构及其有关人员的车船。<br>（2）国务院规定的减免税项目<br>①节约能源、使用新能源的车船，可享受免征或减半征收车船税，具体范围则由国务院相关部门来确定。<br>②机动船舶依法纳税，自《中华人民共和国车船税法》实施之日起5年内，可免征车船税。<br>③按照税法规定，机场、港口、铁路站场内部行驶或者作业的车船不需要在车船登记管理部门登记的，自车船税法实施之日起5年内，可免征车船税 |
| 契税 | （1）契税减免的基本规定<br>①国家机关、事业单位、社会团体、军事单位承受土地、房屋用于办公、教学、医疗、科研和军事设施的，可免征契税。<br>②城镇职工按照相关规定第一次购买公有住房的，可免征契税。<br>③承受荒山、荒沟、荒丘、荒滩土地使用权，且主要用于农、林、牧、渔业生产的，可免征契税。<br>④因不可抗力丧失住房而重新购买住房的，可酌情准予减征或免征契税。<br>⑤土地、房屋被县级以上人民政府征用、占用后，重新承受土地、房屋权属的，主要是由省级人民政府确定是否减免契税。<br>（2）财政部规定其他减免契税项目<br>①拆迁居民因拆迁而重新购置住房，对购房成交价格中相当于拆迁补偿款的部分可以实行免征契税，而对于成交价格超过拆迁补偿款的那部分征收契税。<br>②在国家石油储备基地第一期项目建设过程中，如果涉及契税，则予以免征。<br>③对于廉租住房经营管理单位购买住房作为廉租住房、经济适用住房经营管理单位回购经济适用住房继续作为经济适用住房房源的，可实行免征契税 |
| 耕地占用税 | （1）免征耕地占用税<br>①军事设施占用耕地。<br>②学校、幼儿园、养老院、医院占用耕地。<br>（2）减征耕地占有税<br>①铁路线路、公路线路、飞机场跑道、停机坪、港口、航道占用耕地，按照每平方米2元的税额实行减征耕地占用税。<br>②农村居民占用耕地新建住宅，按照当地适用税额实行减半征收耕地占用税 |
| 土地增值税 | ①建造普通标准住宅出售，其增值率低于20%的，可予以免税，其增值率高于20%的，则按照其全部增值额按规定计税。<br>②由于国家建设需要而被政府征用或收回的房地产，可免税。<br>③2008年11月1日起，居民个人销售住房可免征收土地增值税。<br>④廉价或经济适用房，可免税 |

续表

| 小税种 | 税收优惠 |
| --- | --- |
| 城市维护建设税 | ①海关对进口产品征收增值税、消费税时，不同时征收城市维护建设税。<br>②因减征或免征增值税、消费税和营业税而发生的退税，则需要退还已缴纳的城市维护建设税，但对出口产品退还增值税、消费税时，则不需要退还已缴纳的城市维护建设税。<br>③城市维护建设税是以纳税人实际缴纳的增值税、消费税、营业税为计税依据，且与增值税、消费税、营业税一起征收，减免增值税、消费税和营业税的同时，也要相应地减免城市维护建设税。也就是说，城市维护建设税是不能单独减免的。不过，如果纳税人确有困难需要单独减免的，可由省级人民政府酌情给予减税或者免税照顾。<br>④对于2010年12月1日之前发生纳税义务的外资企业，可免税。 |
| 车辆购置税 | ①外国驻华使馆、领事馆和国际组织驻华机构及其外交人员自用的车辆，可免税。<br>②中国人民解放军和中国人民武装警察部队列入军队武器装备订货计划的车辆，可免税。<br>③非运输车辆设有固定装置的，可免税。<br>④在外留学人员（含香港、澳门地区）回国服务的（简称留学人员），购买1辆国产小汽车，可免税。<br>⑤来华定居专家（简称来华专家）进口自用的1辆小汽车，可免税。<br>⑥防汛和森林消防部门购置的车辆是由指定厂家生产的指定型号，且主要用于指挥、检查、调度、防汛（警）联络的（简称防汛专用车和森林消防专用车），可免税。<br>⑦纳税人购置农用三轮车，可免税。<br>⑧2012年1月1日至2015年12月1日，城市公交企业购置的公共汽电车辆，可免税。<br>⑨经由国务院规定予以免税或者减税的其他情形，则按规定免税或减税 |

总之，小税种也能挑起大梁，国家实行小税种的优惠政策后，不但让更多的人认识了小税种，也享受到了相应的补贴政策。在精细化的管理中，小税种的成效日益显著，国家只有形成各税种齐抓共管的良好税收环境，才能有效保障各税种足额征收到位。更重要的是，国家通过加强小税种的宣传，帮助更多的人顺利完成纳税工作。

# 第七章 税务会计常见问题及解答

在税务会计中，除了了解并掌握各税种的相关知识外，还有很多需要注意的地方，比如，纳税筹划的基本原理和方法等，这些都是不容忽视的重要方面。只有纳税人真正掌握了这些，才能更好地进行税务会计工作和管理。

# 税务审查的基本内容和方法

为了打击逃税、避税的行为，税务局会调配更多资源来强化实地审核以及调查逃税行为。因为每年都会有90%的税务需要审查，并做出适当调整，而对于一些主要以现金交易而成为被调查的高危行业、购置物业或竞投一些名贵物品都有可能引发调查。总之，不论独资企业、中小型企业，还是上市公司或跨国公司，税务局的审核调查工作的定位都会直接影响众多纳税人。因此，不管是纳税人还是税务检查人员，掌握税务审查的基本内容和方法是非常有必要的，具体如下：

## 1.税务审查的基本内容

### （1）会计报表的审查与分析

审查会计报表是税务审查的重要环节，从审查和分析会计报表来了解纳税人经济活动的基本情况，通过审查分析各报表的相关指标及相互关系来发现其中的问题，从而确定审查的重点。那么，在审查会计报表时，可以从资产负债表和损益表来进行着手，具体如下：

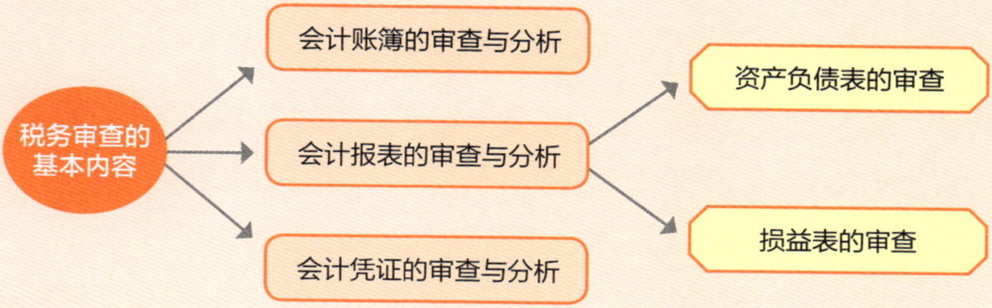


①资产负债表的审查。

在审查资产负债表时，主要是对企业的流动资产各项目、长期投资、固定资产、无形以及递延资产进行审查与分析。如果流动资产实际占用数增长太快，就要认真观察，明确其主要原因是材料或价格变动，还是管理不善、产品代销等，只有这样才能分析出企业是否存在弄虚作假、乱挤成本等问题。

另外，审查分析固定资产时，可以先了解资产增或减变动的情况，在固定资产原值的基础上，对固定资产折旧额进行核实，并审查企业折旧计算方法是否得当，计算结果是否正确。在审核“在建工程”项目时，多注意企业是否有工程预算，已核算的各项在建工程费用支出是否真实，工程支出与生产经营支出是否有混淆等情况。

②损益表的审查。

审查损益表时，主要是对销售收入、营业税金及附加、营业外收支项目的审查。当销售数量下降时，要注意企业是否存在销售产品没有通过“主营业务收入”账户的核算，或者是领用本企业产品而不计销售收入的情况。一般来说，销售收入与营业税金成正比例地增减，在审查营业税金及附加时，多注意“其他业务成本”账户与其他业务收入是否相配比，是否存在将其他业务支出的费用摊入情况。而对于营业外收入，要多注意企业是否将应该列入销售收入的款项或收益记作营业外收入，是否漏报流转税额等。

### （2）会计账簿的审查与分析

审查分析会计账簿主要是对序时账、总分类账和明细分类账的审查与分析。其中，明细账簿是企业查账审查的重点。审查明细账时，必须要了解企业每笔经济业务的真实性和合法性，一旦发现可疑之处，就需要通过审查会计凭证来核实问题。

另外，要对账户进行审查，多注意观察余额是否正常，计算是否正确，一旦发现有反常余额或红字余额，就要核实一下造成这一情况的原因，是因为核算错误还是弄虚作假。

### （3）会计凭证的审查与分析

审查分析会计凭证主要是对原始凭证和记账凭证进行审查。其中，对原始凭证的审查，就是审查是否有技术性或人为性的错误，多注意资本性支出与收益性支出等是否出现影响当期计税所得额的情况。同时，还要审查是否存在白条入账的情况，这就需要多注意白条是否当作支出凭证的情况。而在审查记账凭证时，可以审查一下所附原始凭证是否短缺，两者的内容是否相同，会计科目及其对应关系是否正确，以及记账凭证的会计科目是否与原始凭证所反映的经济业务内容相一致。

## 2.税务审查的基本方法

稽查基本方法指的是稽查人员实施税务检查时，为发现税收违法问题而采取的一些手段和措施的一种总称，主要有顺查方法、逆查法、详查法、抽查法等，具体如下：

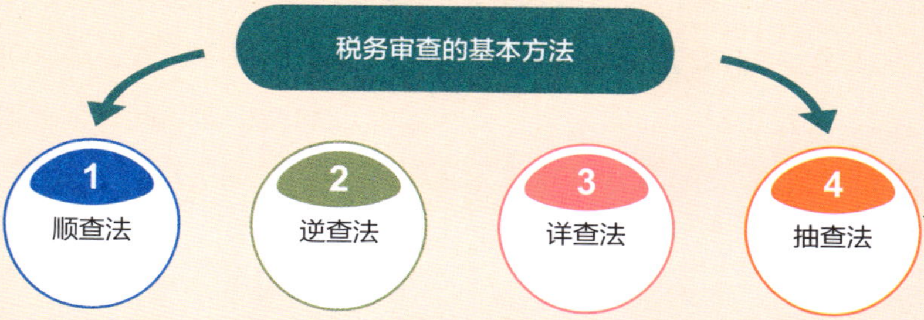


（1）顺查法

顺查法是指在查账程序中，按照会计核算的顺序，从检查原石凭证入手，以原始凭证为依据，核对并检查记账凭证，再以此为凭据核对和检查明细账和总分类账，最后再根据明细账和总账检查会计报表的一种查账方法，也可称为“核对法”。顺查法的优点就是相比较细致全面；缺点就是工作量大，耗费的时间较多。比较适用于管理混乱、制度不健全、问题较多的企业。

（2）逆查法

逆查法是指查账工作顺序与会计核算的顺序相反，从检查会计报表开始，从报表到账簿，再到凭证的一种检查方法。其优点是重点突出，比较省时省力；缺点是如果对报表分析得不够全面，抓不住主要问题，就很难找到和查清存在的问题。

（3）详查法

详查法是指在检查期内，对企业所有会计凭证、账簿和报表进行全面的详细检查的一种方法，其优点是核查比较系统全面，能够从多方面来发现问题，能检查得比较深入、透彻和全面；缺点就是范围广、检查内容较多、工作量大等。详查法比较适用于账与账、账与表、账与物之间不相符的科目和项目，以及产品单位成本、成本项目发生巨大变化，或产值利税率、产值利润率等与生产的增减不相适应的情况。

（4）抽查法

抽查法是指对企业的账、表和凭证抽出一部分进行有目的的重点检查，主要用来验证、判断其有无错误和弊端的一种检查方法。其优点是比较省时省力；缺点就是如果抽选的项目不准就很难发现问题，比较适用于已掌握一些情况或经常出差错的企业。

总之，在税务会计中，税务检查有着非常重要的意义，当纳税人的会计账簿、记账凭证、报表等相关资料中，出现各种奇怪现象时，就能通过各种方法来判断这些现象，并能够有效防止纳税人偷漏税，这对维护国家的利益极为有利。

# 账务调整的基本原则和方法

账务调整是指根据税务机关检查的结果和会计制度的相关规定，纳税人要将错误的账务处理调整为正确的，其目的是保证账账、账证、账实相一致。通过正确、及时地调整账务，可有效预防明补暗退问题的发生，还能避免重复征税，以便保证税务机关的征收管理资料与纳税人的会计核算资料相一致。

然而，如果只查补税款而不调整账务，不仅会影响会计核算资料的真实性，还可能会造成征收管理的混乱，比如：查账时，极有可能会产生重复劳动的问题。那么，为了有效预防这些问题，就非常有必要掌握账务调整的基本原则和方法。

## 1.账务调整的基本原则

一般来说，账务调整的基本原则具体有以下几个：

①符合国家税法和财务会计制度的相关规定。

②坚持账实一致的原则。

③补税和增加税基的同时，坚持税基的原则，以便有效避免发生明补暗退的问题。

④调整错账时，从实际出发，要简单易行。

## 2.账务调整的基本方法

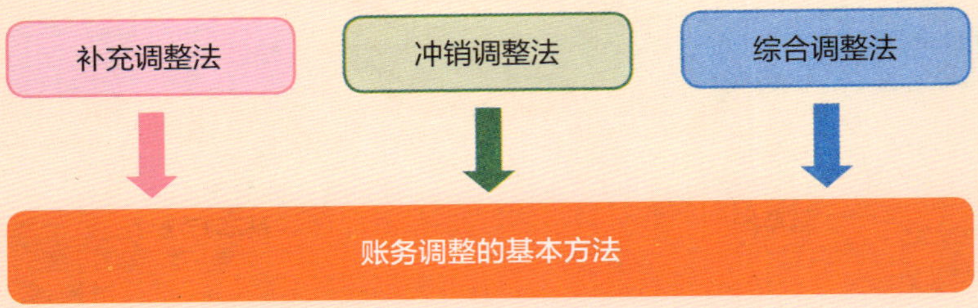


会计年度结账之前，如果税务检查人员查出纳税人错账或漏账，那么，账务调整是可以直接在当期相关账户进行，其主要调整方法有冲销调整法、补充调整法和综合调整法三种，具体如下：

①补充调整法。

补充调整法是按照会计核算的程序使用蓝字编制补充遗漏事项或少记金额的会计分录进行调整的方法，其目的是更正错账，主要适用于漏记或错账涉及的会计科目正确而核算金额不大于应计金额的情况。

②冲销调整法。

冲销调整法是先使用红字编制与原分录相同的会计分录，冲销原有的记录后，再使用蓝字编制正确的会计分录。它主要适用于错用会计科目及会计科目正确，而核算金额错误的情况。通常，发现错误而不影响后续核算的条件下，使用最多的方法就是冲销调整法。

③综合调整法。

综合调整法是结合补充调整法与冲销调整法一起运用的，此种方法主要适用于错用会计科目的情况。

当期错误会计账目的调整可以采用以上三种调整方法。而上一年度的错账，且对上年度税收产生一定影响的，若在上一年度决算报表编制前发现的，可以直接对上年度账项进行调整；若是在上一年度预算报表编制之后发现的，就必须按照正常的会计核算来调整相关账户。对于影响上年利润的项目，可以根据“以前年度损益”进行调整，而对于不影响上年利润的项目，可以直接进行调整。

另外，在不影响上一年税收的情况下，如果上一年度的错账与本年度的核算和税收有关，那么可以先了解上一年度的错漏金额影响本年度税项的基本情况，再对本年度相关账项做出相应的调整。值得注意的是，当材料采购成本或生产成本的核算中发生错误时，一定要根据实际情况，在期末，将错误额在原材料、产品、产成品和本期销售产品成本间进行合理分摊。

# 纳税筹划的基本原理和方法

纳税筹划是一门涉及税收学和会计学等多门学科知识的新兴学科，一直是财会和税收理论界的热点问题。伴随经济的飞速发展，纳税筹划已成为纳税人理财或经济管理中不可或缺的重要组成部分。在税法规定的范围内，企业如何获得最大的利益，一直是广大企业管理者重点关注的内容。然而，要想实现这一目的，就必须要掌握纳税筹划的基本原理和方法，具体如下：

## 1.纳税筹划的基本原理

一般来说，纳税筹划的基本原理主要包括避税筹划、节税筹划、转嫁筹划和现涉税零风险，具体如下：

（1）避税筹划

避税筹划指的是纳税人通过掌握相关会计知识，在了解现行税法的基础上，只要不触犯税法，就可以对企业经济活动的筹资、投资、经营等做出适当的安排，以便规避或减轻税负的行为。

（2）节税筹划

节税筹划指的是在不违背立法精神的基础上，纳税人充分利用税法优惠政策，对筹资活动、投资活动及经营活动进行巧妙安排，以便达到少缴或不缴税的目的。

（3）转嫁筹划

转嫁筹划指的是纳税人为了减轻税负而调整和变动价格，将税负转嫁给他人负担的经济行为。

（4）涉税零风险

涉税零风险指的是纳税人账目清楚，纳税申报正确，缴纳税款及时、足额，不会发生关于税收方面的处罚，即在税收方面没有任何风险或风险较小可以忽略不计的一种状态。

### 2.纳税筹划的基本方法

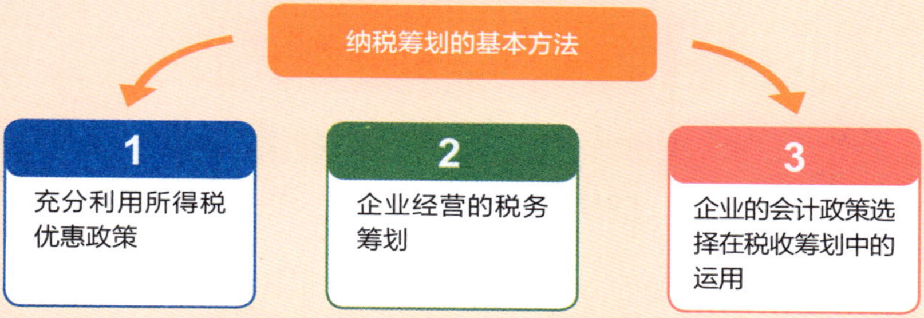

实际上，纳税筹划的基本方法有很多，比如：充分利用所得税优惠政策等，其基本方法有以下几种：

### （1）充分利用所得税优惠政策

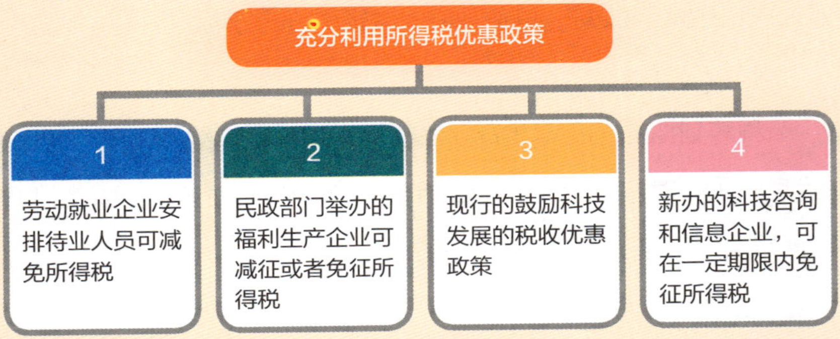


企业所得税的纳税筹划，企业老板可以充分利用所得税优惠政策，那么，那些企业可以享受相应的优惠，具体如下：

①劳动就业企业安排待业人员可减免所得税。

②民政部门举办的福利生产企业可减征或者免征所得税。

③现行的鼓励科技发展的税收优惠政策。

④新办的科技咨询和信息企业，可在一定期限内免征所得税。

虽然，企业所得税的优惠政策有很多，但这些减免税收政策也是企业老板所不应忽视的，因为企业所得税的减免优惠政策大多数都是有一定时效的，如果老板没有在规定时效内提出申请，就会丧失机会。另外，在减免税快到期前，只要企业在减免税期间内实现未来收益，并将亏损推迟到征税期再实现，在某种程度上，也能达到规避部分所得税的目的。

（2）企业经营的税务筹划

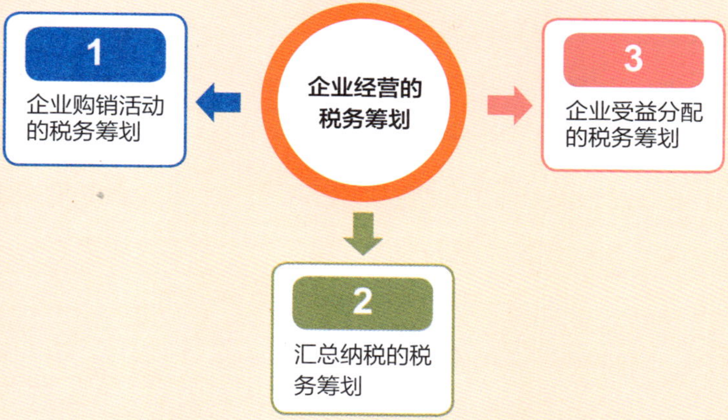


在企业购进销售、收益分配和汇总纳税等日常经营活动中，如果想要实现自身利益最大化，需要考虑各种影响，比如：税收等。下面分别讲述：

①企业购销活动的税务筹划。

进行购销活动税务筹划，应该综合考虑企业的总体税负，不但要考虑自身税负，还要考虑上下游的企业税负，以及整个筹划期间的税负最小化。另外，降低企业购销活动的总体税负，可以选择使用低税率或减少税基这两种方式来实现。

②汇总纳税的税务筹划。

汇总纳税指的是根据企业总机构或集团母公司（汇缴公司和其分支机构及集团子公司或成员企业）的经营所得，将纳税申报表进行汇总或合并，并由企业统一申报缴纳企业所得税。企业集团的母公司对其资产控股比例达到100%，如果参加汇总纳税的企业在企业改组、改造或资产重组过程中，由于股权发生变化而成为非全资控股企业的，就应该从股权发生变化的年度起，将其汇总纳税成员企业资格取消，并就地缴纳企业所得税。

③企业受益分配的税务筹划。

企业受益分配指的是企业对一定时期的税后利润在企业与投资者之间进行分配。实际上，企业受益分配不但关系到企业长期稳定的发展，还会关系到投资者权益的保障，甚至对企业和投资者税负产生直接的影响。

（3）企业的会计政策选择在税收筹划运用

实际上，会计政策选择的纳税筹划是企业为实现税后收益最大化的财务目标，在税法允许的范围内，可以提前确定和筹划企业涉税事项会计处理原则和方法，并优化不同会计政策选择下的纳税方案的一种财务决策活动。企业的会计政策选择在税收筹划运用时，一定要注意存货计价方法和固定资产折旧方法的选择对纳税筹划的影响。其中，企业采用存货计价方法选择进行纳税筹划时，需要考虑的是企业所处的环境及物价波动等因素的影响，而在固定资产折旧方面选择进行纳税筹划时，一定要注意折旧方法、固定资产净残值率、用摊销方法以及坏账准备的核算方法对纳税筹划的影响。

实际上，在掌握纳税筹划的基本原理和方法的基础上，企业才能更好地进行税务筹划。税务筹划对企业具有非常重要的现实意义，不但有助于纳税人实现经济利益最大化，还能提高企业自身的经营管理水平，有效减少企业偷税、漏税的发生，对完善税制和增加国家税收极为有利。

# 税务会计中的传统难点

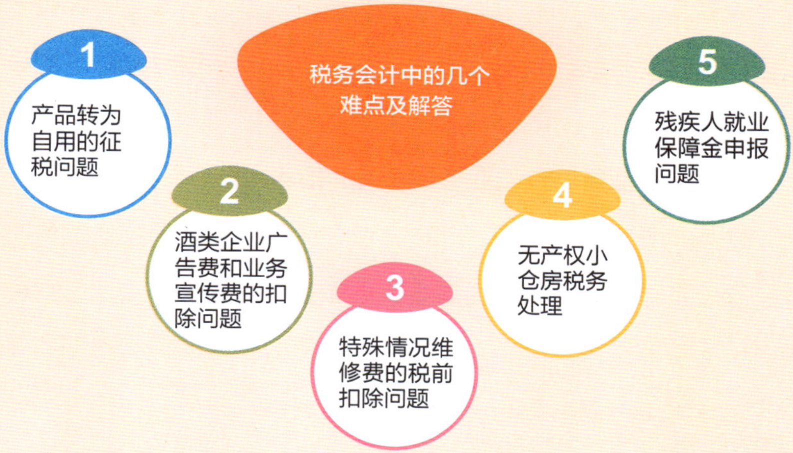


在税务会计中，掌握有关税法中各税种的知识是非常有必要的，但由于其内容繁多，加上税法会伴随国家经济发展而改变，因此，在进行税务会计工作中，纳税人就可能会遇到很多问题，比如：在特殊情况下，维修费用是否能够在税前扣除？遇到这些难点问题，纳税人应该怎么办？下面侧重说几个难点问题：

### 1.产品转为自用的征税问题

当企业生产的产品转作固定资产自用，根据《关于企业处置资产所得税处理问题的通知》（国税发〔2008〕828）第一条规定：由于资产所有权属在形式和实质上均不发生改变，可作为内部处置资产，不视同销售确认收入，相关资产的计税基础延续计算。然而，如果国税局在查账过程中，将此行为视同销售应缴纳增值税，那么企业所产生的全部收入是否应该缴纳企业所得税?

对于这个问题，我们始终要知道，企业生产的产品转为自用，这仅仅只是改变了资产的用途，而资产所有权是没有改变的，对于不视同销售确认收入的行为，这是企业所得税的相关规定，并不能等同于增值税视同销售确认收入的相关规定。

2.酒类企业广告费和业务宣传费的扣除问题

在企业所得税纳税前，酒类企业产生的广告费和业务宣传费是否能扣除，具体扣除的比例是多少？对于这个问题，《企业所得税法实施条例》第四十四条规定：企业发生的符合条件的广告费和业务宣传费支出，除国务院财政和税务主管部门另有规定外，不超过当年销售（营业）收入15%的部分，准予扣除；超过部分，准予在以后纳税年度结转扣除。如果国务院财政和税务主管部门未对酒类企业发生的广告费和业务宣传费另做特殊的相关规定，纳税人应该按照上述规定来执行。

3.特殊情况维修费的税前扣除问题

如果承租方租入旧厂房（含旧设备），由于设备太旧无法达到预期的使用价值而修理，那么，承租方发生的维修费是否允许税前扣除呢？根据税法的相关规定：实际发生的与取得收入有关的维修费才可以在企业所得税前扣除。但必须是在合同有效期内发生的维修费，纳税人可以凭有关支出真实而合规的凭据，进行税前扣除。值得注意的是，纳税人最好携带合同到主管税务机关进行实际鉴定。

### 4.无产权小仓房税务处理

房地产开发企业想销售无产权的小仓房，可能会面临两种情况：一种是将仓房单独出售，而另一种则是买住宅赠送仓房。对于这两种情况，计算土地增值税时，房地产开发企业的收入、成本和费用该如何处理呢？计算面积时，该仓房的面积是与普通标准住宅面积合起来计算，还是单独按照非标准住宅处理？如果是买住宅赠送仓房这种情况，则说明整个住宅的销售收入中，是包括仓房的销售收入在内的，那么，这些是可以正常计收入的，而成本费用也是能够扣除的；如果是将仓房单独出售，在这种情况下，由于加建的仓房不允许正常办理房屋登记备案，所以将视同为长期出租行为，不计入房屋销售收入，成本费用是不能扣除的。此外，在计算面积时，由于在房产证上该仓房的面积没有体现出来，所以，它不能作为普通标准住宅和非住宅的面积来计算。

### 5.残疾人就业保障金申报问题

首先，申报残疾人就业保障金需要带的资料。

要申报的公司应该到当地的残联进行审核。需要提供企业上年度工资明细表、组织机构代码证、营业执照副本和公章等残联要求提供的其他材料。因为地税机关只负责代征残疾人的就业保障金，而残联才是真正负责具体的审核和管理工作的，如果你想要了解审核的相关问题，建议你可以直接去残联进行咨询。

其次，残疾人就业保障金的申报及其滞纳金规定。

纳税人申报残疾人就业保障金，是否应该先到残联年检，如未按期缴纳是否会产生滞纳金?

根据《残疾人就业保障金征缴管理办法》规定：每年审核期内，用人单位须到市或所在地残疾人就业服务机构办理审核，持残疾人就业服务机构开具的缴费通知单，到主管地税部门申报缴纳。用人单位未按照规定缴纳保障金的，由财政、地税部门责令限期缴纳；逾期仍不缴纳的，除补缴欠缴数额外，还应当自欠缴之日起，按日加收5‰的滞纳金。

以上几个难点问题及解答，只是在税务会计中很小的一部分。在实际税务会计工作过程中，纳税人可能会遇到很多难点问题，如果纳税人想顺利地完成税务会计工作，就必须要多学习税务会计的相关知识，遇到疑问可以多咨询一下相关部门，以便减少不必要的麻烦。